芳华三十载
硕果盈满枝

—— 广东君信经纶君厚律师事务所
30年30案经典案例

广东君信经纶君厚律师事务所　主编

U0330236

中山大学出版社
SUN YAT-SEN UNIVERSITY PRESS

·广州·

图书在版编目（CIP）数据

芳华三十载　硕果盈满枝：广东君信经纶君厚律师事务所 30 年 30 案经典案例/广东君信经纶君厚律师事务所主编 . —广州：中山大学出版社，2024.5

ISBN 978 - 7 - 306 - 08086 - 8

Ⅰ. ①芳…　Ⅱ. ①广…　Ⅲ. ①案例—汇编—中国　Ⅳ. ①D920. 5

中国国家版本馆 CIP 数据核字（2024）第 086173 号

FANGHUA SANSHI ZAI SHUOGUO YING MANZHI：GUANGDONG JUNXIN JINGLUN JUNHOU LÜSHI SHIWUSUO SANSHI NIAN SANSHI AN JINGDIAN ANLI

出 版 人：王天琪
策划编辑：曾育林
责任编辑：曾育林
封面设计：曾　斌
责任校对：周擎晴
责任技编：靳晓虹
出版发行：中山大学出版社
电　　话：编辑部 020 - 84113349，84110776，84111997，84110779，84110283
　　　　　发行部 020 - 84111998，84111981，84111160
地　　址：广州市新港西路 135 号
邮　　编：510275　传　　真：020 - 84036565
网　　址：http：//www. zsup. com. cn　E-mail：zdcbs@ mail. sysu. edu. cn
印 刷 者：佛山市浩文彩色印刷有限公司
规　　格：787mm×1092mm　1/16　12.375 印张　256 千字
版次印次：2024 年 5 月第 1 版　2024 年 5 月第 1 次印刷
定　　价：58.00 元

目　录

广东国际信托投资公司破产清算案

——中国第一例金融企业破产案

广东国际信托投资公司（以下简称"广东国投"）作为建国以来第一个被宣告破产的金融机构，其破产在境内外引起了极大震动和广泛关注，美国、德国、日本、中国香港等国家和地区主要媒体均对广东国投破产清算案做了深度报道，将广东国投破产视为"中国整顿金融秩序、化解金融风险的标志举措"。《羊城晚报》报道见图1-1。

图1-1　《羊城晚报》报道

一、广东国投破产清算的背景

广东国投成立于 1980 年，原是国内第二大信托投资公司，被称为"发展最快、业务量最大的地方非银行金融机构"。因广东国投严重资不抵债，1999 年 1 月 16 日，广东省高级人民法院（以下简称"广东高院"）宣告广东国投破产，并指定成立广东国投破产清算组负责广东国投的破产清算工作。

"广东国投破产案境内外债权人众多，涉及国内外财产数额特别巨大，破产清算工作非常复杂、艰巨，没有在国内外有良好信誉和高素质的中介机构负责破产清算工作，难以完成这一艰巨任务。"（时任广东高院院长吕伯涛语）为此，广东国投破产清算组聘请了三家中介机构负责广东国投破产清算的主要工作，包括毕马威华振会计师事务所、孖士打律师行和广东君信律师事务所（现为"广东君信经纶君厚律师事务所"，以下简称"君信"）。毕马威华振会计师事务所是全球四大会计师事务所之一，孖士打律师行是香港最大的律师事务所，君信作为唯一的中国律师事务所，受托负责广东国投破产清算涉及的全部境内法律事务。《公正树丰碑——审理广东国投破产案始末》关于破产案件中介机构的介绍见图 1-2。

图1-2 《公正树丰碑——审理广东国投破产案始末》
关于广东国投破产案件中介机构的介绍

二、君信律师面对压力迎难而上

广东国投是建国以来第一个被宣告破产的金融机构，其破产在境内外引起了极大震动和广泛关注，美国、德国、日本及中国香港等国家和地区的主要媒体均对广东国投破产清算做了深度报道，将广东国投破产视为"中国整顿金融秩序、化解金融风险的标志举措"。广东国投破产清算受到中央和地方高度重视。江泽民曾就此案作出重要批示，时任最高人民法院院长肖扬、副院长李国光亲自督办，广东省成立了以时任省长卢瑞华为主的省委五人小组专管广东国投破产清算的协调。

时任最高人民法院副院长李国光称"广东国投破产案涉及当事人之多、范围之广、法律疑难问题之复杂是罕见的"。对此，君信律师刚介入广东国投破产清算工作就有了深切的认识：广东国投破产案涉及近500个境内外债权申报人（未包括自然人），申报债权467亿元人民币，其中80%为境外债权；广东国投对外债权200多亿元人民币，涉及省内外近600个债务人；对外投资逾百项，遍及海内外，从酒店到房地产，从旅行社到电信业，从证券到基金、期货，涉及几十个行业，部分对外投资存在投资主体不清、经营严重违规现象；广东国投破产清算还涉及广东国投及其下属公司近万名员工的遣散；2万多名自然人在广东国投有存款；广东国投在上海、西安、天津、广州等地有9个证券营业部，涉及8万多名股民。广东国投破产清算也面临如何依法确认申报债权、开展对外债权追收、处理破产财产、妥善安置职工等一系列重大疑难法律问题的解决。这些都给君信律师带来了很大的压力，对君信律师的法律服务提出了严峻的挑战。同时，有些境外债权人和媒体对中国内地律师能否为这样大型的项目提供高质量的法律服务是有疑虑的。面对复杂的局面，君信律师清醒地认识到责任重于泰山，广东国投破产清算涉及的法律事务远不同于普通的民商事法律事务，这是一个上到中央下到普通百姓关注的超大案，不仅涉及国家金融安全，关系到整顿金融秩序、化解金融风险的大局，也牵扯着普通百姓的切身利益，关乎社会稳定。同时，作为中国第一例金融企业破产案，涉及80%境外债权，广东国投能否依法、依规、遵照国际惯例进行清算，也受到海外债权人的关注，影响境外投资者对我国改革开放和法治建设的信心。因而，能否为广东国投破产清算提供高质量的法律服务，已不只关系某个律师或君信的信誉，还可能成为社会评价广东律师甚至中国律师水平的标尺。面对巨大的压力和挑战，君信律师深深知道，有压力才有动力，有挑战才能进步，历史既然选择了君信，君信人唯有知难而上。

三、项目团队律师为广东国投破产清算提供的主要法律服务

根据广东国投破产清算组的要求，君信律师团队主要开展了以下五个方面的工作：

（一）确认广东国投破产债权

破产清算的最终目的是通过清算将破产企业剩余财产按比例分配给债权人，因此确认债权人及其债权额，即确认破产债权是广东国投破产清算的首要任务。广东国投被宣告破产后，境内外债权人蜂拥而至，向清算组递交了数百份申报文件，有的申报文件厚达数百页。债权申报审查工作不仅需要大量细致的核查工作，还涉及复杂的法律问题。广东国投破产债权不仅包括借贷债权、担保债权等涉及法律关系较简单的债权种类，还包括银团贷

款、衍生工具、掉期交易、信托存款、离岸业务等形成的债权，涉及法律关系复杂，有关法律规定不明确，国内也没有可供参考的判例。对疑难法律问题，君信律师进行了多次讨论和研究，上网查阅了大量的类似判例、专家意见，并结合孖士打律师行提供的国际惯例，作出审慎判断。广东国投申报债权 460 亿元人民币，法院最终认定广东国投的破产债权为 202 亿元人民币，君信律师为此做了大量细致、认真的工作。

（二）追收广东国投对外债权

广东国投由一个中国信托投资业红极一时的明星企业沦落到破产清算的境地，原因之一就是该企业十几年来对外贷款的混乱。

对外债权追收工作的第一步是清理广东国投的对外债权。经过君信律师夜以继日的奋战，在短短 6 个月的时间里，君信律师审核了上千个卷宗，共向广东高院申请向 600 多个债务人发出偿还财物通知书。因君信提供的证据清晰、申请文件法律关系明确，没有一份申请被法院驳回。

如期清理完广东国投的对外债权，君信律师清醒意识到这还只是万里长征的第一步，更复杂、更艰巨的任务还在等着他们。因破产案件受理法院只给了所有债务人 7 天的异议期限，如果债务人超过 7 天未提异议，清算组可以马上申请法院对其采取强制执行措施。有些债务人为拖延时间以达到转移财产的目的，纷纷向广东高院提出异议，一时间，共向广东高院提交 300 多份异议书。这么多债务人提出异议，君信律师始料不及，他们意识到如果将这些异议全部交由法院裁决需要较长时间，而这期间有些债务人会从容地将其资产转移，这将给日后的债权追收工作带来很大的困难，也会给债权人造成巨大的损失。对此，君信律师经过周密的讨论，决定将工作分以下几部分，各部分互相配合，同时展开：①积极准备有关的证据材料，以备应诉；②对可能抽逃、转移财产的债务人查找其财产线索，申请法院财产保全；③联系所有提出异议的债务人要求进行协商，争取达成一致，尽快使案件进入执行阶段，为结案争取时间。首先，君信抓住几个抽逃、转移财产债务人的典型，经过努力，成功申请法院对其财产进行保全，这使得其他一些想效仿的债务人受到震慑，主动要求撤回异议请求。此外，君信律师主动与提出异议的债务人协商，对其晓之以理，从法律的角度进行耐心劝说，也使得部分债务人与清算组达成还款方案，使案件顺利进入执行阶段。最后，君信律师认真准备开庭资料，尽最大能力维护债权人的利益，经破产案件受理法院对异议的审理，最后裁定清算组胜诉案件达95%以上。

紧接着，更繁杂的执行工作开始了，君信律师清楚这才是整个对外债权追收工作的关键。广东国投执行工作的困难主要集中在以下三方面：一是查找债务人财产线索难，一些部门不配合，门难进、脸难看；二是部分地方保护主义严重，特别是对政府部门的执行，牵一发动全身，债务人常常对君信律师讲"广东国投破产了干嘛也要搞得我们也破产"，理直气壮阻拦君信律师的执行工作；三是资产处理变现困难，因法院查封到的财产多为机器设备及土地，土地也多位于偏远地区，权属证明不齐全，一时间难以处理。

针对上述困难，君信律师也制定了相应的应对措施。为追讨广东国投对外债权，君信律师的足迹遍及广东省内外。经过君信律师的努力，对外债权追收工作取得了较为显著的成效。

（三）处理广东国投对外投资

广东国投有大量对外投资，确认对外投资权属并妥善处理对

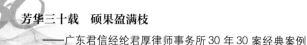

提高广东国投破产清偿率极为重要。

对外投资处理工作的第一步是理清广东国投对外投资项目的详细情况。由于广东国投的大部分员工已被遣散，基本上已不可能向原经办人员了解有关对外投资项目的情况，因此，翻阅广东国投的原始档案资料成为君信律师获得广东国投对外投资项目情况的主要渠道。为不遗漏任何一个细节，君信律师几乎将广东国投以及其关联企业档案馆的所有资料都翻阅了一遍，并到各有关行政管理部门做了大量的调查工作。君信律师的努力取得重大收获。毕马威华振会计师事务所在广东国投账目上发现，广东国际大厦实业有限公司（即俗称的 63 层的所有权人）是广东国投的投资项目，但工商登记的股东却不是广东国投。为确认广东国际大厦实业有限公司股权归属，君信律师查找了大量材料，最后在几份零散的会议纪要和领导批示中发现了反映广东国际大厦实业有限公司股权归属的重要证据。同时，君信律师召开了多次集体讨论会，邀请多位国内公司法的权威学者就此出具了专家意见，并广泛收集了国家有关行政管理部门对类似情况的处理决定，经过反复论证，君信律师最终认为，广东国际大厦实业有限公司的投资权益应属广东国投所有，并建议清算组依法取回广东国际大厦实业有限公司股权。此后，君信律师代表清算组参与广东国际大厦实业有限公司股权归属的庭审，君信律师提供充足的证据和缜密的法律分析最终说服了法院，法院裁定广东国际大厦实业有限公司的全部股权归广东国投所有，君信律师通过努力为广东国投取回了最大资产，大大提高了破产清偿率。

由于情况复杂，所涉及的问题较多，每一个广东国投投资项目的处理均需要签署大量的法律文件，与拍卖行、评估公司、买家以及相关政府部门多次的开会、谈判，这些工作都责无旁贷地落在了君信律师的肩上。由于项目多、时间紧、任务重，律师们不得不加班加点地工作，其中的辛苦可想而知。但即便是这样，也没有人对手上的工作敷衍了事，在每一份法律文件交出之前，均需要经过工作小组内的律师逐一审阅，发现问题后修改，再交合伙人审阅，最后由合伙人定稿签发的过程。由于投资项目处理的法律安排复杂，为处理一个项目，可能需要签署几份甚至十几份法律文件。几年下来，君信律师草拟的关于投资项目处理的法律文件就已摆满了办公室里所有的文件柜。

付出的辛苦总是会有回报的。经过君信律师在投资项目处理方面的辛勤工作，不仅顺利处置了破产财产，大大提高了广东国投的破产偿债率，也在工作中积累了丰富的经验，为以后继续向社会提供法律服务奠定了坚实的基础。

（四）广东国投及其下属子公司员工的安置

员工的安置是广东国投破产清算过程中一项涉及面广、政策性强的工作，如处理不妥，受广东国投破产清算影响的数千名员工将引发出众多的社会问题，不但会对广东国投破产财产造成损失，也必定会给社会带来不安定因素。因此，全面了解并正确运用劳动管理法律法规、地方政策，从而妥善解决广东国投破产清算过程中的员工安置问题，是君信律师不可推卸、不容懈怠的一项艰巨任务。

广东国投破产清算伊始，君信便指派专人着手收集与企业员工安置有关的法律、法规及各地政策，为广东国投及其下属子公司的员工安置工作做好充分的准备工作。在广东国投员工安置工作开始后，君信律师积极与广东省劳动社会保障厅联系，随时掌握广东省内劳动管理方面政策上的新动态，并保证君信向广东国投破产清算组提出的各项建议符合法律及政策的规定。

虽然对法律及政策的掌握是相当繁重的工作，但只要君信律师付出大量的时间与精力，还是可以解决的。更艰难的工作是向员工解释安置方案，广东国投及其下属公司需安置的员工多达几千人，任何一项工作没做好都可能引发员工的不满，从而直接影响广东国投破产清算的顺利进行，更为严重的是这些员工的不满情绪对社会安定存在重大隐患。有的员工不接受安置方案，提出了高于法律和政策规定的要求，并提起仲裁或诉讼，在仲裁机关及司法机关对其请求不予支持时，这些员工多次聚众在广东国投破产清算组的办公场所示威，有时甚至演变为对某些清算组工作人员的人身攻击。面对这种情况，君信律师代表广东国投破产清算组多次向员工进行耐心的解释，晓之以理，动之以情，力求做好员工安抚工作，保障社会的稳定。

（五）成功处置广信资产包，为广东国投破产案画上圆满的句号

2017 年 6 月 29 日，广东国投破产清算组以公开拍卖的方式依法整体处置了广东国投持有的对广信房产公司和广州房产公司 100% 投资权益及债权（以下统称"广信资产包"），由万科集团下属的广州市万溪企业管理有限公司以人民币 551 亿元的价格竞得（新华网报道广东国投破产财产整体处置项目拍卖情况见图 1 - 3），广东国投破产债权得以实现 100% 清偿。广信资产包的拍卖被境内外各大媒体称为"史诗级的拍卖"。

万科以551亿元竞得广东国投破产财产整体处置项目

2017-06-29 16:18:47　来源：新华社

关注新华网

 微信

 微博

Qzone

10 评论

新华社广州6月29日电（记者 孟盈如）29日上午，万科经过22轮竞价，以551亿元拍得广东国际信托投资公司（下称"广东国投"）破产财产整体处置项目，增值104.228亿元。

据南方联合产权交易中心现场拍卖师介绍，该标的整体起拍价为446.772亿元，八家竞买人分别是中海、信达、保利、碧桂园、华发、越秀、华润、万科。

据南方产权中心所属的广东省产权交易集团相关负责人介绍，广东国投处置项目标的包括三部分：第一部分为广东国投持有的对广东省信托房产开发公司（下称"广信房产"）的三项权益：即对广信房产的100%投资权益、债权及相应利息以及受让大厦实业公司对广信房产的债权及相应利息；第二部分为破产清算组接受广东国际租赁公司破产清算小组、广信企业发展公司破产清算组和广东国投深圳公司破产清算组委托，一并出售该三家破产公司清算组分别持有的对广信房产的债权；第三部分为广东国投持有的对广东国际信托投资公司广州房地产分公司的100%投资权益。

据介绍，这些资产主要为房地产权益，分布在广州市内核心地段，最主要的资产为荔湾花地湾片区地块上千亩未开发土地（位于地铁一号线花地湾站和坑口站区域范围）。上述全部债权和投资权益捆绑一并作为不可分割整体构成本次拍卖标的，挂牌标的价格高达446.772亿元。

图1-3　新华网报道广东国投破产财产整体处置项目拍卖情况

君信律师承担了广信资产包的拍卖架构的搭建工作，参与了资产包评估、拍卖、交接的全过程，整个资产包处置过程中涉及的每一份法律文件均出自君信律师之手，君信律师全方位多角度的法律服务，为广信资产包的顺利处置作出巨大贡献。君信律师在广东国投破产财产整体处置项目拍卖会现场见图1-4、图1-5。

11

图 1-4　君信律师在广东国投破产财产整体处置项目拍卖会现场①

图 1-5　君信律师在广东国投破产财产整体处置项目拍卖会现场②

广信资产包的成功处置不仅推动广东国投破产案全案终结、实现了广东国投破产债权 100% 清偿，并创下还有剩余破产财产交还给广东国投出资人广东省人民政府的纪录。

经办律师简介

曾亦军律师，原广东君信律师事务所创始合伙人，高级律师，1993年就读于伦敦大学玛丽皇后学院法律系（硕士学位）。执业39年，曾担任中华全国律师协会理事，广东省法学会理事，广东省第九届人民代表大会代表、法制委员会委员，广东省人大常委立法顾问。曾获广东省律师协会颁发的"广东省律师协会成立30周年全省行业杰出贡献奖"，广州市律师协会颁发的"执业30年贡献奖""改革开放40年贡献奖"等奖项。

谈凌律师，毕业于华东政法学院国际经济法专业，1993年开始执业，1994年加入原广东君信律师事务所。现为广东君信经纶君厚律师事务所高级合伙人。广州市第十五届、十六届人大代表，第十届中华全国律师协会破产清算与并购重组法律专业委员会副主任，广东省律师协会破产与清算法律专业委员会主任，广东省破产管理人协会对外交流工作委员会主任，广州市律政营商环境研究院副院长、理事。执业31年，有扎实的理论功底和丰富的实践经验，擅长处理公司法、破产法、基础工程建设领域的各类法律业务。

何永刚律师，1994年开始执业，执业30年，在民事诉讼、房地产、证券交易以及破产清算等法律领域有扎实的理论功底和丰富的执业经验。现为广东君信经纶君厚律师事务所监事会监事、高级合伙人。曾担任国内多家国有企业、中外合资/合作企业及政府机构的法律顾问或为其提供法律服务，代理各类诉讼案件超过500件。作为广东国际租赁破产清算组聘请的处理中国法律事务的负责律师，参与金融机构广东国际租赁公司的破产清算工作。在广东国投破产清算案中负责处理广东国投及其下属子公司拥有的 9 个证券营业部的整体转让工作。

钟欣律师，毕业于中国政法大学，获法学硕士学位，高级律师，1989 年开始执业，执业 35 年。现为广东君信经纶君厚律师事务所高级合伙人。曾任广州市第十三届人民代表大会代表，曾先后为近百家大中型企业及金融机构提供非诉讼法律顾问服务和诉讼代理，在金融证券、破产清算及重整、投资并购及债务重组、商业诉讼及仲裁、房地产等领域兼具深厚的理论功底和丰富的实务经验。曾获广东省律师协会颁发的"广东省律师协会成立 30 周年全省律师行业参政议政杰出贡献奖"，广州市司法局和广州市律师协会颁发的"广州市律师行业亚运工作突出贡献奖"等奖项。

林机律师，中山大学法学硕士。1989 年开始执业，执业 35 年，现为广东君信经纶君厚律师事务所高级合伙人。主要从事公司投资、金融机构、重组和清算、房地产等专业领域的法律业务。曾先后为多家政府部门、大中型企业提供常年法律顾问服务；通过参与多宗大型金融、房地产企业的清算，在清算法律事务方面积累了丰富的经验；先后为多家商业银行提供了多宗涉及不良贷款清收的专业服务，在金融法律事务领域也有丰富的服务经验。

周红华律师，1990 年毕业于中山大学法律系。1992 年开始执业，高级律师，执业 32 年，现为广东君信经纶君厚律师事务所高级合伙人。曾先后任广州市律师协会的房地产法律专业委员会委员、物流与展馆专业委员会委员。在房地产及专业市场的开发与经营、房屋买卖、物业管理、品牌连锁经营、银行借贷与担保、企业破产、公司重组并购等民事与经济方面的法律事务领域累积了极其丰富的实践经验。

何海琼律师，毕业于广州大学，1997年开始执业，执业27年。专长于基础工程建设项目、税收法律、公司法、保险法、劳动法、环境保护法等相关法律，曾任广东省国际税收研究会理事、广东省地方税收研究会理事、广州市律师协会财税专业委员会副主任。除具有丰富法律专业知识外，还具备财务知识，有在上市公司工作的实践经验，熟悉公司经营管理事务及流程，长期担任多家大中型公司、机构的法律顾问，擅长处理与公司业务相关的法律事务。

李伟年律师，毕业于中山大学，涉外经济法专业硕士研究生。2000年开始律师执业，执业24年。现为广东省律师协会国有资产专业委员会委员、广东省破产管理人协会下设破产清算专业委员会副主任、广州市律师协会国有资产专业委员会副主任。2021—2023年获聘为最高人民检察院"民事行政检察专家咨询网"专家。在政府部门法律顾问、基础设施建设、房地产开发、物业管理、招投标、商业物业租赁、公司并购重组、破产清算等领域积累了丰富的实践经验。

邢志强律师，毕业于华东政法大学。2000年开始执业，执业24年。现为广东君信经纶君厚律师事务所管理委员会委员、高级合伙人、海口分所主任，广东省刑事法律事务律师专家库首批入库专家、广州市法律援助专家律师、广州开发区区属国企兼职外部董事专家库入库专家，第十二届广东省律师协会理事、公益法律事务工作委员会副主任，广东省破产管理人协会刑事合规及涉刑业务专业委员会副主任，广州开发区控股集团有限公司兼职外部董事，第十届广州市律师协会越秀区律师工作委员会副主任，普通犯罪刑事法律业务专业委员会、律师事务所管理和发展促进工作委员会委员，第四期广州市工会法律服务律师团成员，广州市越秀区人民法院特邀调解员，曾 20 多次受到国家、省、市级司法行政机关和律师协会的表彰。

港珠澳大桥项目法律服务

港珠澳大桥是在"一国两制"框架下，由粤港澳三地首次合作建设的超大型跨海交通工程。习近平总书记出席港珠澳大桥开通仪式时高度赞扬港珠澳大桥："港珠澳大桥的建设创下多项世界之最，非常了不起，体现了一个国家逢山开路、遇水架桥的奋斗精神，体现了我国综合国力、自主创新能力，体现了勇创世界一流的民族志气。这是一座圆梦桥、同心桥、自信桥、复兴桥。"[1]

粤港澳三地适用三种不同的法律，港珠澳大桥的建设涉及三个不同的司法管辖区，项目建设的法律环境极为复杂。2004 年，港珠澳大桥前期工作协调小组办公室聘请广东君信律师事务所（现为"广东君信经纶君厚律师事务所"，以下简称"君信"）为常年法律顾问，为港珠澳大桥的筹划、建设保驾护航。

君信律师团队因承办港珠澳大桥项目，荣获 2006 年广州市律师协会业务成就奖、2007 年广东省律师协会业务成就奖。

一、项目背景

2003 年 8 月，国务院决定开展港珠澳大桥项目的前期工作，并批准成立由香港特区政府作为召集人、粤港澳三方组成的"港

---

[1] 《巨龙，腾飞在伶仃洋上——港珠澳大桥开通仪式侧记》（https://www.gov.cn，2018 - 10 - 23，来源：新华社）。

珠澳大桥前期工作协调小组"负责该项工作。2004 年 3 月，港珠澳大桥前期工作协调小组设立常驻办公机构"港珠澳大桥前期工作协调小组办公室"（以下简称"前期办"），全面启动港珠澳大桥项目建设的各项前期工作。

与其他大型基础建设工程项目不同的是，前期办成立之初就意识到港珠澳大桥项目法律环境的特殊性，决定聘请君信担任法律顾问，参与到港珠澳大桥项目的前期策划工作中。

2018 年 10 月 24 日，港珠澳大桥正式通车运营。港珠澳大桥项目经过策划阶段、准备阶段、实施阶段、完工阶段，历时 15 年，君信的法律服务也贯穿这 15 年。

港珠澳大桥是"一国两制"框架下粤港澳三地首次合作共建共管的超级跨海工程。在"一国两制"基本国策下，港珠澳大桥项目建设面临"一个国家、两种制度、三种货币、三个技术标准、三个独立关税区、三个不同法域、三个平行的地方政府"这种极为特殊的政治法律环境，可以说，港珠澳大桥项目所面对的法律环境的复杂性并不亚于其在工程建设上的难度。

二、法律服务内容

在港珠澳大桥项目启动初期，为给粤港澳三地政府决策层提供准确无误的法律信息，在法律层面保障项目顺利推进，君信律师进行了大量的法律研究与探索工作。2004—2005 年期间，君信律师根据前期办的要求，对港珠澳大桥项目所处的法律环境和可能涉及的法律问题进行了全面的研究和梳理，将港珠澳大桥项目涉及的可预见的主要框架性问题（包括三地协议、三地政府协调机制、口岸布设等）、投融资相关问题、建设期相关问题、运营管理期相关问题等法律问题分为五大类、31 个问题、64 个细分问题，形成数十份法律报告提交给前期办。在前期办的带领下，君信律师通过走访全国人大法工委、香港特区政府、澳门特区政府以及拜访研究三地法律的专家学者等调研方式，对一些比较重要的问题进行深入研究，甚至是专题研究。最终，律师意见对港珠澳大桥项目在投资建设模式选定、三地协议、投融资模式、项目法人设立、口岸布设模式等关键问题的最终决策上发挥了重要作用。

由于港珠澳大桥主体工程的工程量巨大，施工环境复杂、工程时间紧迫，项目面临非一般项目可比的困难，在港珠澳大桥项目准备阶段和建设施工阶段，各种重大问题不时出现，港珠澳大桥管理局与设计施工总承包单位、建设施工单位、工程相邻单位之间的意见分歧也不时出现。即便困难重重，君信律师十几年如一日，及时、高效、优质、持续地为这个超级工程的建设提供"法律指引"，稳妥解决一个又一个争议与矛盾，为港珠澳大桥管理局依法决策保驾护航，保障港珠澳大桥项目工程建设如期顺利推进。2014 年 10 月、2017 年 7 月君信律师团队前往了解港珠澳大桥建设情况见图 2 - 1、图 2 - 2。

港珠澳大桥通车前夕，君信一如既往未雨绸缪，协助港珠澳大桥管理局完成对运营期可能出现的法律问题及解决措施的全面研究工作，为港珠澳大桥项目运营做好法律保障准备。2018 年 9 月，港珠澳大桥通车前夕，君信律师团队与港珠澳大桥管理局领导就法律实践总结项目进行研讨见图 2 - 3。

目前，君信继续担任港珠澳大桥管理局的法律顾问，为项目工程结算阶段和营运阶段提供法律服务。

在港珠澳大桥通车之际，君信收到港珠澳大桥管理局发来的感谢信（见图 2 - 4），称赞君信自 2004 年起派出业务能力强、服务水平高的律师团队，全程为港珠澳大桥项目提供了专业、优质、高效的法律服务，协助管理局解决了一个又一个法律难题。

图 2-1 2014 年 10 月，君信律师团队前往了解港珠澳大桥建设情况

图 2-2 2017 年 7 月，君信律师团队前往了解港珠澳大桥建设情况

图2-3　2018年9月，港珠澳大桥通车前，君信律师团队与
港珠澳大桥管理局领导就法律实践总结项目进行研讨

港 珠 澳 大 桥 管 理 局

感 谢 信

广东君信律师事务所：

2018年10月23日，国家主席习近平亲临珠海宣布港珠澳大桥正式开通，并对大桥的建设和管理给予高度评价。这是全体大桥参建者共同的光荣，其中也饱含着贵所在法律战线上对大桥保驾护航的贡献。

贵所自2004年开始即为港珠澳大桥提供法律服务。15年来，贵所派出的律师业务能力强、服务水平高，与我局法律专业人士共同组成法律工作团队，秉持法治精神，加强协作沟通，全程为港珠澳大桥项目提供了专业、优质、高效的法律服务，协助我局解决了一个又一个法律难题。

在此，我局特向贵所及参与港珠澳大桥项目法律服务的每一位团队成员表示衷心的感谢和诚挚的问候！祝愿贵所在未来的法律服务工作中日益精进，事业蒸蒸日上！

2019年1月8日

图2-4　港珠澳大桥管理局发来的感谢信

三、著书总结法律实践经验

作为港珠澳大桥项目法律实践的参与者——港珠澳大桥的工作人员与君信律师团队在主编时任港珠澳大桥管理局党委书记朱永灵先生、君信创始合伙人曾亦军律师的带领下，花费近 5 年时间，将港珠澳大桥从 2004 年筹划至 2018 年通车运营 15 年期间，港珠澳大桥项目法律问题研究、实践的方方面面，整理、收集，汇成《融合与发展——港珠澳大桥法律实践》一书（见图 2 - 5），并由法律出版社出版。该书精选 10 个案例，分三个部分展现港珠澳大桥项目的法律实践，为粤港澳大湾区的建设提供了生动的案例素材。《融合与发展——港珠澳大桥法律实践》新书发布会暨粤港澳大湾区发展研讨会现场见图 2 -6。

图 2 -5　《融合与发展——港珠澳大桥法律实践》一书

图 2-6 《融合与发展——港珠澳大桥法律实践》
新书发布会暨粤港澳大湾区发展研讨会现场

该书出版后，引起社会各界的广泛关注，中国新闻网、央广网、羊城晚报、广州日报、南方都市报等十余家主流和权威新闻媒体均对该书的发布进行了报道。

四、君信为港珠澳大桥提供法律服务是广东律师服务粤港澳大湾区的典型案例

作为广东律师服务粤港澳大湾区的典型案例，2019 年初《中国律师》杂志采访了君信参与港珠澳大桥法律顾问服务的团队律师，并在 2019 年第 4 期《中国律师》上刊登了《十五年坚守与奉献——访港珠澳大桥项目法律顾问广东君信律师事务所》一文，该文赞扬君信律师"法律服务长达 15 年，君信所律师见证了港珠澳大桥的从无到有，见证了项目决策者和管理者相信并在项目全程坚持法律先行的理念，也展现了积极建言献策的法律人的担当。15 年，一程艰辛，一程奋斗，一路泥泞，一路美景，

君信所律师用敬业勤业精业的专注精神书写着自己的责任与担当"。

港珠澳大桥项目是粤港澳三地政府首个共建共管的跨境项目，是三地政府精诚合作的成功案例，三地政府和港珠澳大桥管理局超前法律安排的意识、坚定不移地依法决策，是港珠澳大桥项目顺利推进的坚实基础之一。在为港珠澳大桥项目提供法律服务的过程中，君信律师也深深感受到了三地政府、前期办及港珠澳大桥管理局对法律的重视和尊重。15年的法律服务虽然充满艰辛，但能全程参与港珠澳大桥项目，为粤港澳大湾区的建设出力，君信及君信律师倍感骄傲。

经办律师简介

曾亦军律师，原广东君信律师事务所创始合伙人，高级律师，1993年就读于伦敦大学玛丽皇后学院法律系（硕士学位）。执业39年，曾担任中华全国律师协会理事，广东省法学会理事，广东省第九届人民代表大会代表、法制委员会委员，广东省人大常委立法顾问。曾获广东省律师协会颁发的"广东省律师协会成立30周年全省行业杰出贡献奖"，广州市律师协会颁发的"执业30年贡献奖""改革开放40年贡献奖"等奖项。

谈凌律师，毕业于华东政法学院国际经济法专业，1993年开始执业，1994年加入原广东君信律师事务所。现为广东君信经纶君厚律师事务所高级合伙人。广州市第十五届、十六届人大代表，第十届中华全国律师协会破产清算与并购重组法律专业委员会副主任，广东省律师协会破产与清算法律专业委员会主任，广

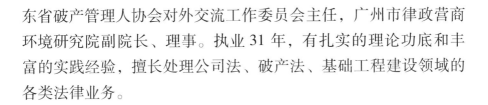

东省破产管理人协会对外交流工作委员会主任，广州市律政营商环境研究院副院长、理事。执业 31 年，有扎实的理论功底和丰富的实践经验，擅长处理公司法、破产法、基础工程建设领域的各类法律业务。

何海琼律师，毕业于广州大学，1997 年开始执业，执业 27 年。专长于基础工程建设项目、税收法律、公司法、保险法、劳动法、环境保护法等相关法律，曾任广东省国际税收研究会理事、广东省地方税收研究会理事、广州市律师协会财税专业委员会副主任。除具有丰富法律专业知识外，还具备财务知识，有在上市公司工作的实践经验，熟悉公司经营管理事务及流程，长期担任多家大中型公司、机构的法律顾问，擅长处理与公司业务相关的法律事务。

李伟年律师，毕业于中山大学，涉外经济法专业硕士研究生。2000 年开始律师执业，执业 24 年。现为广东省律师协会国有资产专业委员会委员、广东省破产管理人协会下设破产清算专业委员会副主任、广州市律师协会国有资产专业委员会副主任。2021—2023 年获聘为最高人民检察院"民事行政检察专家咨询网"专家。在政府部门法律顾问、基础设施建设、房地产开发、物业管理、招投标、商业物业租赁、公司并购重组、破产清算等领域积累了丰富的实践经验。

李宏华律师，毕业于厦门大学，获法律硕士学位，执业 19 年。现为广东君信经纶君厚律师事务所董事会董事、高级合伙人，广东省破产管理人协会破产重整委员会副主任。在金融、破产清算及重整、投资并购及债务重组、商业诉讼及仲裁、大型基础设施建设、房地产、IT、劳动法等领域兼具深厚的理论功底和

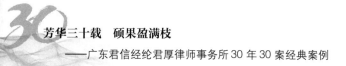
丰富的实务经验，能够全方面地为客户就涉及的法律问题提供准确、高效的服务。

冯肖婷律师，毕业于中山大学，硕士研究生。执业 15 年，现为广东君信经纶君厚律师事务所合伙人。主要提供基础设施建设、资产并购重组、财税金融等方面的法律服务，并为多家国有企业单位提供常年法律顾问服务。

方洵莹律师，毕业于西南政法大学，获得诉讼法学硕士学位（民事诉讼法学方向）。现为广东君信经纶君厚律师事务所合伙人。专注于合同法、破产清算、建设工程、股权纠纷、劳动法等民商事法律领域法律业务的研习，积累和吸收了丰富的执业经验，熟悉企业对法律服务的需求。

黄硕律师，广东君信经纶君厚律师事务所兼职律师，中国人民大学法学博士，广东省社会科学院法学副研究员。

广州新×公司与轻×公司、广×公司合作开发房地产纠纷案

轻×公司、广×公司诉广州新×公司合作开发房地产纠纷案一审由广东省高院审理，二审由最高院审理。赖伟坚律师作为广州新×公司的诉讼代理人参加了案件的一审、二审程序。

一、案情简述

1993年3月，轻×公司、广×公司共同作为甲方与香港新×公司作为乙方签订《合作开发协议书》，约定共同开发火柴厂及缝纫机机架厂两厂区场地，占地面积48583平方米（含扩征农民用地约13500平方米），建造商业住宅等多功能楼宇。以轻×公司、广×公司的名义申请办理用地手续，负责提供建设用地及厂区围墙内场地搬迁及安置工作。香港新×公司负责提供迁厂补偿费人民币1亿元和三通一平的全部资金，向轻×公司、广×公司支付管理费和合作项目前期筹办费人民币300万元，负责扩征农民土地约13580平方米的动迁费用及动迁工作。双方以中外合作形式在广州设立中外合作经营项目房地产公司，还对所建物业的分配和付款办法等项作了约定。协议签订后，香港新×公司于1993年4月至1994年8月向轻×公司、广×公司共付款人民币5300万元。

1993年11月18日（该时间属倒签），轻×公司、广×公司与广州新×公司（广州新×公司于1994年8月成立）签订《合

作开发合同书》，约定：双方合作开发地段×花园（原×火柴厂、缝纫机机架厂场地及扩征农民土地）共 43583 平方米的土地，兴建 10 幢 9 层商住楼和 6 幢 28 层商住楼。总体方案和建筑面积以广州市规划局批复为准。双方还就合作方式作了约定，轻×公司将上述土地中的约 30000 平方米提供给广州新×公司，供双方合作开发×花园项目。广州新×公司负责给轻×公司、广×公司迁厂补偿费 1 亿元人民币和本合作项目前期筹办费人民币 300 万元，负责三通一平在内的全部所需资金的筹措（含税费），负责扩征农民土地的动迁费用及动迁工作。双方共同成立新的项目公司，统一经营管理本项目，项目公司的经营年限为 15 年。双方就各方履行义务的方式和期限约定：轻×公司、广×公司在办理项目公司成立手续的同时，交出首期施工场地，即火柴厂除办公、住宅四层综合楼及靠马路西部分场地的原址。缝纫机机架厂的场地在 1995 年上半年全部交给项目公司。广州新×公司于 1994 年 1 月 1 日前完成投入资金 5300 万元（其中 300 万元为前期开办费），余下补偿费分四期付清。第一期在项目公司登记注册手续经政府批准 20 天内付给轻×公司、广×公司人民币 1000 万元；第二期在项目公司经批准领到建设用地使用权证书 20 天内付人民币 2000 万元；第三期在项目公司领到施工许可证，且第一期开发进场施工 20 天内付人民币 1000 万元；第四期在 1995 年 8 月底付人民币 1300 万元（其中 300 万元是广州新×公司用来补偿轻×公司、广×公司，原协议延期付款所给火柴厂带来的一切损失，除此之外，广州新×公司不需承担任何责任）。对于合作开发的经营方式，双方约定项目由双方组成的项目公司管理经营。对于利润分配，约定本项目建成的物业，在扣除公建配套及小区管理用房后，总建筑面积的 8% 归轻×公司、广×公司所有，92% 归广州新×公司所有。对于违约责任的约定，如轻×公司、广×公司未能配合办理手续，或未能按时交出场地均属违约。

1995年1月12日，轻×公司、广×公司与香港新×公司又签订《合作开发补充协议》，约定：将香港新×公司原投入的5300万元转入广州新×公司，以中外合作形式在工商局注册成立项目公司。该补充协议对广州新×公司以后的付款方式做了约定，与轻×公司、广×公司和广州新×公司签订的上述合作合同中的约定相同。对轻×公司、广×公司移交场地问题，补充协议约定在项目公司办理成立手续的同时，交出首期施工场地（火柴厂的部分用地），缝纫机机架厂的场地在1995年上半年全部交齐。双方还约定广州新×公司未按时付款，按未付款的月息2‰赔偿给轻×公司、广×公司。轻×公司、广×公司未按时配合办理有关手续、未按时交出场地，按广州新×公司投资总额2‰赔偿给广州新×公司。同年4月10日双方共同设立了项目公司凯×公司。

上述开发地块，广州市城市规划局于1992年12月向轻工公司颁发建设用地规划许可证，准予办理征用划拨土地手续，用地名称为商住楼，用地位置为原火柴厂内，用地面积为43583平方米。1993年1月广州市国土局出具征用（划拨）土地通知书，同意征用上述地块作为建设商住楼项目用地。1995年4月3日轻×公司、广×公司和广州新×公司根据轻×公司、广×公司与香港新×公司所签补充协议的约定，签订了《场地交接书》，交接书载明第一期交接场地的范围为火柴厂，除该厂四层综合楼及靠马路西部分场地外的地块约13000平方米。1996年4月2日凯×公司与广州市国土局签订了位于7200平方米的《国有土地使用权出让合同》，同年4月16日凯×公司领取了施工许可证，同年10月8日凯×公司领取了建设工程规划许可证。1998年4月7日凯×公司领取了7200平方米《国有土地使用权证》，同年7月28日领取了《商品房预售许可证》。1998年11月20日凯×公司与广州市国土局签订了 36383 平方米《国有土地使用权出让合同》。广州市国土局对该地块采取滚动式开发建设，该土地使用权证待项目基本建完后才予办理。现商住楼主体工程已完工，正在进行内装修。

上述协议签订后，广×公司、轻×公司未按约定将首期施工场地 13000 平方米全部交付广州新×公司，广州新×公司未按约定付足前期工程投入款人民币 5300 万元，亦未依约支付余款。轻×公司、广×公司请求解除合作合同诉至广东省高级人民法院。

广东省高级人民法院（一审法院）经审理认为：广州新×公司接替香港新×公司与轻×公司、广×公司签订的《合作开发合同书》是双方真实的意思表示，没有违反法律法规的规定，应确认有效。合同签订后，广州新×公司依约支付了 5300 万元后，未依 1993 年 11 月 18 日的合同和 1995 年 1 月 12 日的补充协议再按约定进度支付四期款项；轻×公司、广×公司亦未按约定交出应交的场地，包括火柴厂的其余用地和缝纫机机架厂的用地，故双方在履行合同过程中都有违约事实存在，各自应承担相应的民事责任。鉴于双方在补充协议中实际上已对退付款和迟交地问题做了处理，体现了对此前各方责任不另追究的意愿，该项目仍具备继续开发建设的条件，且双方已实际履行了合同的一部分，以及双方在订立补充协议后仍各有违约的实际情况，此合同应继续履行。轻×公司、广×公司以广州新×公司违约为由，请求判令解除双方签订的《合作开发合同书》，收回建设用地及不予退还广州新×公司已付的 5300 万元的依据不足，不予支持。因双方在签订补充协议后都有违约责任，轻×公司、广×公司请求判令广州新×公司支付 197.8 万元的违约金，缺乏依据，也不合理，不予支持。据此判决：（一）双方签订的《合同书》和《补充协议》有效，继续履行；（二）驳回轻×公司、广×公司的诉讼请求。案件受理费 28.49 万元，由轻×公司、广×公司负担。

轻×公司、广×公司不服一审判决，向最高人民法院上诉称：广州新×公司未按合同规定支付拆迁补偿费第一期余款，违约在先，使双方失去继续合作的信任，双方所签合同应予解除，并赔偿其损失。广州新×公司答辩称：一审法院判决合作合同有效继续履行是正确的，应予维持。

最高人民法院（二审法院）经审理认为，双方签订的《合作开发合同书》《补充协议》及《场地交接书》，均为双方当事人真实意思表示，不违反法律法规的规定，一审法院认定有效，且双方当事人对合同有效亦无异议，予以确认。双方在履行合同中均有违约，各自应承担相应的民事责任。轻×公司、广×公司上诉主张由广州新×公司单方承担违约责任依据不足，不予采纳。双方合作开发的项目已具备继续开发建设的条件，且已实际履行，一审法院判决继续履行合同并无不当，轻×公司、广×公司请求解除合同，不予支持。根据《中华人民共和国民事诉讼法》第一百五十三条第一款第（一）项之规定，最高人民法院于 1998 年 12 月 31 日作出（1998）民终字第 137 号民事判决书（见图 3-1），判决如下：驳回上诉，维持原判。

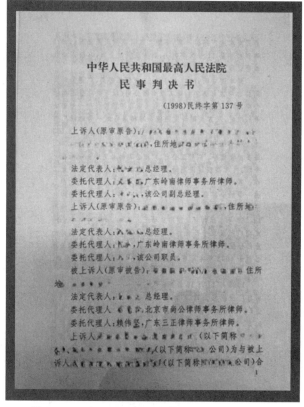

图 3-1 （1998）民终字第 137 号民事判决书

二、案件意义

本案是最高人民法院在房地产开发初期最早审理的合作开发纠纷案件之一，首次在判例上认可土地"滚动式"开发，开发商可以分期支付土地出让款，对促进中国房地产行业的蓬勃发展起了极大的推动作用。

该案例被收入《最高人民法院民事案件解析》之《房地产案件专集》。该专集由最高人民法院民庭编写，最高人民法院时任副院长唐德华作《序》。

经办律师简介

赖伟坚律师，现任广东君信经纶君厚律师事务所主任、高级合伙人，资深律师。1990 年毕业于华南师范大学政法系，1992 年通过律师资格考试后一直执业至今。曾荣获广州市律师协会颁发的"执业 30 年贡献奖"。执业期间，专注于为房地产及酒店、银行、证券等行业客户提供民商事领域的法律服务，处理了大量的诉讼及非诉案件，积累了丰富的实践经验。

海×公司诉市对外经济贸易委员会
行政处理决定纠纷案

　　海×诉市对外经济贸易委员会行政处理决定纠纷案（以下简称"本案"）是原广东经纶律师事务所（现为"广东君信经纶君厚律师事务所"）经办的经典行政诉讼案。因本案标的额较大，由我国法学泰斗江平教授担任本案第三人珠×公司的委托代理人，并且本案创造性确立的某些规则至今仍对我国行政诉讼有借鉴意义，故本案当时被称为"中国行政诉讼第一案"。不少媒体对本案展开了报道和讨论。新浪网转载《羊城晚报》对本案的报道见图4－1。《中华人民共和国最高人民法院公报》2002年第6期亦刊登了本案（见图4－2）

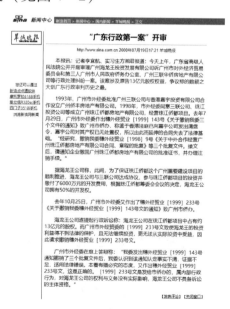

图4－1　新浪网转载《羊城晚报》对本案的报道

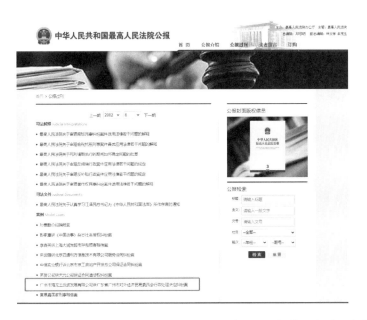

图4-2　《中华人民共和国最高人民法院公报》2002年第6期刊登本案

一、裁判要旨

海×公司认为被告的233号通知侵犯其合法权益，向人民法院提起行政诉讼，必须证明该通知与其有法律上的利害关系。虽然被诉的233号通知属于具体行政行为，但没有依据认定海×公司与该具体行政行为存在法律上的利害关系，因此，海×公司不具备本案原告的诉讼主体资格，其起诉不符合法定条件。

二、裁判理由

市对外经济贸易委员会是负责中外合作经营企业的审批和主管机关，其作出的233号通知虽然是以内部发文的形式直接发给市人民政府侨务办公室（以下简称"市侨办"），并抄送三×公司、珠×公司等有关单位和企业的，但是，该通知的内容涉及市对外经济贸易委员会原先作出的 143 号通知以及 337 号、6 号和 9号批复的法律效力问题，并且还直接涉及有关相对人对侨×公司开发的本案项目（见图 4 - 3）的经营权问题，显然具有行政法上的权利义务内容，产生了新的行政法律关系。对于行政关系的有关当事人来说，233 号通知应属于可诉性的具体行政行为。

图 4 -3　本案项目所在片区

233 号通知以及与其有关的 143 号通知和 337 号、6 号和 9 号批复，都是市对外经济贸易委员会依照职权对特定的有关中外合作企业的成立、变更或者撤销履行的行政审批行为，市对外经济贸易委员会对本案项目的合作开发事宜所作出的审批行为，与海×公司未形成行政法律关系。海×公司付给三×公司的 6000 万元，只能证明海×公司与三×公司双方之间形成了民事法律关

系，并不能作为对本案项目已经享有合作开发投资权的依据。海
×公司不具备本案原告的诉讼主体资格，其起诉不符合法定
条件。

侨×公司是开发建设房地产的项目公司，被上诉人市对外经
济贸易委员会依照职权对涉及侨×公司的有关行政审批，没有在
法律上排斥或者限制上诉人海×公司获得本案项目投资的权利。
被上诉人市对外经济贸易委员会作出 143 号通知到 233 号通知期
间，侨×公司的股权结构没有发生过变化，海×公司因未获得对
本案项目投资的资格，与本案项目的其他投资者之间法律关系的
性质也没有发生变化。法律保护的公平竞争权，是平等主体之间
在权利和义务关系相同的基础上形成的获得合法利益的权利，法
律保护的公平竞争关系，是平等主体之间在相同的权利和义务条
件下产生的合法的竞争关系。由于上诉人海×公司与本案项目的
其他投资者之间尚不存在对应的权利和义务关系，其主张的竞争
权不属于法律上的公平竞争权。

三、本案有关法律问题及其意义

（一）内部行政行为是否属于具有可诉性的具体行政行为

本案一审法院认定，市对外经济贸易委员会作出的 233 号通
知虽然是以内部发文的形式直接发给市侨办，并抄送三×公司、
珠×公司等有关单位和企业的，但是，该通知的内容涉及市对外
经济贸易委员会原先作出的 143 号通知以及 337 号、6 号和 9 号
批复的法律效力问题，并且还直接涉及有关相对人对本案项目的
经营权问题，显然具有行政法上的权利义务内容，产生了新的行
政法律关系。对于行政关系的有关当事人来说，233 号通知应属

于具有可诉性的具体行政行为。最高人民法院二审确认了一审法院的认定。对于内部行政行为是否属于具有可诉性的具体行政行为，《最高人民法院关于执行〈中华人民共和国行政诉讼法〉若干问题的解释》（法释〔2000〕8 号）（自 2000 年 3 月 10 日起施行，现已失效，以下简称"2000 年 3 月 10 日司法解释"）第一条第二款第（六）项的规定一般作为内部行政行为不具有可诉性的依据。

本案是关于内部行政行为具有可诉性的里程碑性案件。最高人民法院行政指导性案例——指导案例 22 号，即魏×高、陈×志诉×县人民政府收回土地使用权批复案，是关于内部行政行为具有可诉性的另一里程碑性案件。可见，本案裁定确立了内部行政行为实质外化后具有可诉性的内部行政行为可诉规则，具有里程碑意义。

（二）被诉的具体行政行为涉及公平竞争权的是否属于具有可诉性的具体行政行为

根据 2000 年 3 月 10 日司法解释（已失效）第十三条规定，公平竞争权属于具有可诉性的具体行政行为。根据现行有效的《最高人民法院关于适用〈中华人民共和国行政诉讼法〉的解释》（法释〔2018〕1 号）（自 2018 年 2 月 8 日起施行）被诉的具体行政行为涉及公平竞争权的也属于具有可诉性的具体行政行为。本案法院虽然认为市对外经济贸易委员会的 233 号通知侵犯海×公司公平竞争权的上诉理由不能成立，依据是海×公司主张的竞争权不属于法律上的公平竞争权，但明确确认法律保护行政相对方的公平竞争权。这对目前我国依法平等对待各类市场主体，保障竞争机会均等、竞争手段公平，加快建设全国统一大市场、优化营商环境具有很大的现实意义。

经办律师简介

　　叶东文，中国政法大学经济法硕士，1987 年起从事律师工作至今，现为广东君信经纶君厚律师事务所高级合伙人。擅长办理经济、房产及金融等法律事务。曾先后担任中国移动通信集团广东有限公司等多家企业的常年法律顾问。具有司法部、中国证券监督委员会批准的证券律师执业资格。现为广东省政协委员、广州仲裁委仲裁员。

中国第一例以 BOT 方式投资的中美合作环保项目法律服务

——×污水处理项目

一、项目简介

目前我国已颁布了关于 PPP 项目的一系列行政法规和规范性文件，法律结构和商业模式已成熟。但在 20 世纪末，在法律或缺、政策不明的情况下，广东经纶律师事务所（现为"广东君信经纶君厚律师事务所"，以下简称"本所"）苏祖耀律师受托担任中国第一例以 BOT 方式投资的中美合作环保项目——×污水处理项目的法律顾问，论证了众多疑难问题，排除种种障碍，为此后的类似 BOT 项目树立了范例，提供了借鉴。

城市污水处理过往均由政府投资和管理，由于财政资金有限，技术也不成熟，污水处理率很低。中美合作投资经营的×污水处理系统项目（以下简称"该项目"），从 1995 年开始协商，经过长时间的艰苦谈判，消除种种法律和观念障碍，中外双方于 1997 年 3 月签订合作经营合同和公司章程，后经政府多方论证和协商，2000 年市建委代表市政府与项目公司签订《污水处理服务合同》。业界认为这是中国污水项目投资、融资和管理模式的创举，对中国水业改革和发展有示范作用。苏祖耀律师作为法律顾问，参与了项目的全过程。该项目主要特点如下：

其一，该项目建设规模为日处理污水 40 万立方米，其中一期日处理污水 20 万立方米，由中美投资者合作设立项目公司进行投资经营，第一期总投资 10 亿元人民币，注册资本 328603 元。中方为市政局下属公司，以原有污水管道评估折价出资，占项目公司权益 33%，外方以现金出资，合作者开始为美国 A 公司，后转让出资和权益 65% 给美国 B 公司。以中外合作方式投资经营大型污水处理项目在国内尚属首次。

其二，该项目建成后，由市政府向项目公司提供污水，并约定支付污水处理服务费。为此，市建委代表市政府与项目公司签订《污水处理服务合同》。由于该合同涉及许多技术问题、经济财务问题、政策法律问题以及社会问题，国内无先例可循，不仅外方，就是中方、政府官员、专家的认识和观念亦各异，谈判经历了无数挫折。

其三，项目总投资除注册资本外的资金通过项目融资解决，2001 年 8 月国家计委正式批准该项目的项目融资方案，成为我国第一个采用项目融资（project financing）方式建设的污水处理项目。项目融资仅对项目拥有有限追索权，仅以项目自身的收入和资产承担债务偿还责任，没有任何第三人提供担保，此外，该项目融资还有独到之处：

1. 原计划是进行境外融资的，随着国内资金市场的变化，果断改变为国内融资，避免了外债风险，也大大减低了融资成本。

2. 通过公开招标方式选择融资银行。通过竞争性的投标，项目公司可选择到实力雄厚、条件优惠、服务全面周到，并且对项目风险控制有丰富经验的银行。经过综合评标，×银行中标，与项目公司签订总额 6.7 亿元人民币的融资合同。

3. 融资包括中长期人民币贷款、中长期美元贷款、流动资金贷款，短期与长期结合，本币与外币配套，不但降低了财务费用，更重要的是最大限度地避免了外汇汇率风险（污水处理项目没有外汇收入）。

其四，通过国际公开招标选择项目工程的承包商。为了分摊项目风险，项目公司通过招标寻找工程承包商，而且为了避免设计、采购、土建、安装分别承包可能出现的衔接不清、责任难分的弊端，该项目采用交钥匙总承包的形式，由项目公司与中标的香港×工程公司签订工程系统设计、设备采购、建设总承包合同（EPC 合同）。承包商对在投资预算内按时完工提供履约担保。

其五，在该项目工程动工前，通过公开招标方式确定了北京×公司作为项目建成后的专业营运和维护承包商，这在国内尚属罕见。项目公司与营运商签订详细的营运和维护合同（O&M 合同），并由营运商提供履约担保，可使投资者、融资银行、项目公司对项目的营运成本、营运风险有清晰的预见，而且营运商在建设期可以在一定程度上参与建设过程，有利于日后的营运。

其六，污水处理服务合同内容的安排灵活和可行，兼顾政府、投资者、项目公司、融资银行的利益和风险。在服务费的确定上采用由多个不变因素和多个可变因素形成的计算公式，考虑了成本构成复杂、经营期长等众多因素，是调整各方权利义务，合理分摊风险，并且使项目成功的关键一招。在性质上，服务合同具有三重性：

1. 规定了政府如何向项目公司提供污水，这实际上是原材料供应合同。

2. 规定了政府如何对项目公司处理后的污水支付服务费，这是产品收购协议。

3. 政府与项目公司签订服务合同，实际上是政府将建设经营此项目的特许权赋予了项目公司，兼具特许协议的性质。

该项目所有的文件从不出现 BOT 或类似用语，投资者和项目也没有与政府签订专门的特许权协议，但整个项目的法律结构与BOT 项目通常的结构是基本相同的。中华人民共和国国家计划委员会对可行性研究报告和融资方案的批准，对外经济贸易委员会对合作合同、章程的批复，中华人民共和国国家工商行政管理总局对项目公司颁发的营业执照，加上政府与项目公司签订的服务合同以及其他有关政府部门的批准，项目公司实际上取得了该项目的特许权。在当时中国关于 BOT 的立法极不完善的情况下，这种安排是非常灵活的、可行的，也是合法的。

由于该项目美方占67%，大多数文件均是中英文双语。该项目的法律结构和商业模式为中国各地此后的 PPP 项目提供了很有价值的借鉴。

二、项目成果

苏祖耀律师根据该案及相关案例撰写了《以 BOT 方式投资公用事业的若干法律问题》一文约 2 万字，2002 年《中国建设报》分 9 期连载，并载于《国际法与比较法》论丛第六辑（中国方正出版社 2003 年版）。该文获广州市律师协会授予2002 年度"理论成果一等奖"（见图 5-1）。

图 5-1　苏祖耀律师因本案经验撰写论文，获得广州市律师协会授予2002年度"理论成果奖一等奖"

经办律师简介

　　苏祖耀博士。武汉大学 1984 年本科、1987 年硕士、1995 年博士毕业。1988 年取得律师资格后在广东省涉外律师所任兼职律师，1992—1993 年在英国 Sinclair Roche & Temperlev 律师行香港分行培训和工作。1996 年取得高级经济师、2006 年取得一级律师职称。现为广东君信经纶君厚律师事务所董事会董事长，高级合伙人。中华全国律师协会第五届理事，中华全国律师协会第六至九届公司法专业委员会委员，第七至九届广东省律师协会公司法专业委员会主任，广州市律师协会多届常务理事，曾任两届广州市城投集团外部董事、广州银行外部监事。现兼任：广州市人民政府兼职法律顾问，广州市人大城建环资委专家顾问，最高人民检察院民事行政案咨询专家，国家九院部委联合成立的"涉案企业合规第三方监督评估机制管理委员会"授予的第一批"第三方机制专业人员"，深圳国际仲裁院和广州仲裁委员会仲裁员，武汉大学等多所高校兼职教授，广日股份（股票代码：600894）独立董事、大参林医药（股票代码：603233）独立董事、广州市水投集团、环投集团外部董事。仅广州市律师协会就授予"律师业务成就（果）奖"5 次，"理论成果一等奖"5 次，2001 年被广州市司法局授予"人民满意的律师"称号，2007 年被评为"广州市十佳律师"，2013 年 2 月被广东省律师协会授予"广东省律师行业法律援助突出贡献奖"，2017 年被广东省律师协会授予"2012—2016 年全省优秀律师"，2019 年被广东省律师行业党委评为 11 名"全省优秀党员"之一（综合类），2021 年 9 月被司法部评为"全国优秀律师"。

广东省节能减排促进项目（能效电厂试点项目）亚洲开发银行贷款项目法律服务

一、项目简介

2007 年，广东君信律师事务所（现为"广东君信经纶君厚律师事务所"，以下简称"君信"）接受广东省财政厅世界银行贷款业务办公室的委托，为广东省节能减排促进项目（能效电厂试点项目）亚洲开发银行贷款项目（以下简称"能效电厂亚行贷款项目"）提供全面的法律服务。

能效电厂亚行贷款项目系由亚洲开发银行向中国政府提供总额为 1 亿美元，贷款总周期为 15 年的贷款，并由财政部将该款项转贷给广东省政府，由广东省财政厅通过委托广东粤财信托有限公司设立专项资金信托，将款项贷予具体项目的直接借款人，进行节能减排的改造升级。该项目的实施，既可有效降低能效电厂的运行成本，更可显著地减少能源消耗和空气污染，包括减少导致全球气候变暖的温室气体排放，从而为我省的节能减排工作的顺利开展作出良好示范以及提供有力推进。

能效电厂亚行贷款项目结构复杂，涉及包括亚洲开发银行、中华人民共和国财政部、中华人民共和国国家发展和改革委员会、广东省财政厅、广东省发展和改革委员会、广东省经济贸易委员会、广东省人民政府国有资产监督管理委员会、广东省节能中心、能效电厂项目管理办公室、广东粤财信托有限公司、子项目单位以及国内外咨询专家等多部门及机构，涵盖工程以及金融等众多领域，并且采取了创新的中间金融机构贷款模式。

二、项目成果

针对能效电厂亚行贷款项目，君信抽调了各方面的专业律师，组成专门的项目小组，以中文、英文的方式为该项目提供全面、专业、高效的法律服务，服务内容包括但不限于：

1. 参与项目结构的设计与安排。
2. 参与项目所有法律文件的制订、修改。
3. 参与项目各方的有关谈判与沟通协调。
4. 解决项目实施过程中的各类法律问题。
5. 接受有关方面的相关法律咨询。

因承办本项目，君信荣获广东省律师协会颁发的 2007 年度"业务成就奖"（见图 6 - 1）。

图 6 - 1　因经办本项目君信获广东省律师协会授予 2007 年度"业务成就奖"

经办律师简介

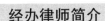

钟欣律师，毕业于中国政法大学，获法学硕士学位，高级律师，1989 年开始执业，执业 35 年。现为广东君信经纶君厚律师事务所高级合伙人。曾任广州市第十三届人民代表大会代表，曾先后为近百家大中型企业及金融机构提供非诉讼法律顾问服务和诉讼代理，在金融证券、破产清算及重整、投资并购及债务重组、商业诉讼及仲裁、房地产等领域兼具深厚的理论功底和丰富的实务经验。曾获广东省律师协会颁发的"广东省律师协会成立 30 周年全省律师行业参政议政杰出贡献奖"、广州市司法局和广州市律师协会颁发的"广州市律师行业亚运工作突出贡献奖"等奖项。

李宏华律师，毕业于厦门大学，获法律硕士学位，执业 19 年。现为广东君信经纶君厚律师事务所董事会董事、高级合伙人，广东省破产管理人协会破产重整委员会副主任。在金融、破产清算及重整、投资并购及债务重组、商业诉讼及仲裁、大型基础设施建设、房地产、IT、劳动法等领域兼具深厚的理论功底和丰富的实务经验，能够全方面地为客户所涉及的法律问题提供准确、高效的服务。

离婚协议约定支付巨额补偿款
和生活费是否有效

一、案情简介

2004 年 11 月 1 日，男方与女方协议离婚，在其签订的《离婚协议书》中，对于夫妻双方的共同财产做了分割和约定，同时，明确约定"男方再另行一次性支付女方补偿款 300 万元，该款于 2004 年 12 月 31 日前支付。此外，从 2005 年 1 月 1 日开始，男方每年支付 10 万元生活费给女方，直至女方终老，但如女方再婚，男方只支付女方十年生活费共 100 万元"。其后，男方拒绝支付该补偿款和生活费，女方于 2005 年向佛山市×区人民法院起诉，要求男方履行离婚协议约定之支付义务。男方不服，于 2005 年 10 月向该院起诉要求确认离婚协议的该约定无效，2006 年 11 月，经一审人民法院审判委员会决定，以"该协议约定原告须支付给被告补偿款及生活费，因为被告所得的财产已达成 880 万元，不符合婚姻法所规定的生活困难的条件，原、被告离婚后，原、被告间也不存在扶养义务，不应再支付生活费，因此该约定无法律依据，应予无效"为由判决该《离婚协议书》支付补偿款和生活费的约定无效。女方不服，向佛山市中级人民法院上诉。上诉后，女方委托了广东经纶律师事务所（现为"广东君信经纶君厚律师事务所"）游植龙律师作为代理人。

二、本案难点及办案思路

本案的难点在于：第一，该案是经一审法院审判委员会讨论决定而作出的判决，有一定的复杂性，二审改判难度较大。第二，离婚前一方已分得了占夫妻共同财产70%以上、共价值880万元的财产，对方仍须另行支付巨额补偿款和生活费有没有法律依据？

该案二审改判虽有较大难度，但在全面详细查看了案件材料、了解案情后，游植龙律师认为，从法律上，女方的上诉只要把握得好，二审改判是有可能的。由于2006年12月31日才接受委托，而二审将于2007年1月5日开庭，时间紧迫，针对女方原上诉状把握重点不准确和说理的不足，游植龙律师立即为其书写了上诉书面补充意见，主要从以下四个方面进行论证：

第一，原审判决确认双方签订的《离婚协议书》是双方的真实意思表示，既不存在受胁迫的情况，也不存在显失公平的情况，这是正确的，依法应予维持。

（具体内容：略）

第二，《离婚协议书》对男方一次性支付女方补偿款和分期支付生活费的约定合法、合理，依法应予维持。

（具体内容：略）

第三，原审判决混淆了补偿款、生活费与经济帮助金的法律概念，判决《离婚协议书》该约定无效，没有任何法律依据。

原审判决确认双方签订的《离婚协议书》是双方的真实意思表示，既不存在受胁迫的情况，也不存在显失公平的情况，这是正确的。但与此同时，原审判决却以"该协议约定原告须支付给被告补偿款及生活费，因为被告所得的财产已达成880万元，不符合婚姻法所规定的生活困难的条件，原、被告离婚后，原、被告间也不存在扶养义务，不应再支付生活费，因此该约定无法律依据，应予无效。"并适用《中华人民共和国合同法》（已失效）第五十二条的规定判决离婚协议该约定无效。这种判决是错误的，没有任何法律依据，理由是：

1. 《中华人民共和国合同法》（已失效）第五十二条规定："有下列情形之一的，合同无效：（一）一方以欺诈、胁迫的手段订立合同，损害国家利益；（二）恶意串通，损害国家、集体或者第三人利益；（三）以合法形式掩盖非法目的；（四）损害社会公共利益；（五）违反法律、行政法规的强制性规定。"

对照上述导致合同无效的五项规定中，女方与男方签订的《离婚协议书》，没有违反上述任何一项规定。既然双方签订的《离婚协议书》没有出现任何导致合同无效的情形，当然就是有效的。但原审判决却认定协议书约定无效，没有任何法律依据。并且，在婚姻关系涉及的财产关系中，人民法院应适用《中华人民共和国婚姻法》（已失效）的规定来进行处理，而不能随便适用《中华人民共和国合同法》（已失效）。

2. 如上所述，男方自愿给予女方 300 万元补偿款，是考虑了夫妻共同财产的现状以及夫妻关系的现状、男方急于离婚的情况、夫妻 18 年感情基础、男方有婚外情对女方的伤害、男方本人的经营支付能力，尤其是主要考虑到男方取得了×公司 50% 股权，而女方丧失了该公司股权、日后经济收入必然不能保持原有水平后作出的符合男方内心意愿的真实意思表示。该 300 万元补偿款有充分的事实和法律依据，而并不是"生活费"。但原审判决却将该补偿款与生活费予以混淆，该判决明显是错误的。

3. 《中华人民共和国婚姻法》（已失效）第四十二条规定"离婚时，如一方生活困难，另一方应从其住房等个人财产中给予适当帮助"。按照《中华人民共和国婚姻法》（已失效）规定，在这里生活困难给予的是经济帮助金。而女方与男方双方在《离婚协议书》约定由男方每年支付 10 万元生活费给女方，该"生活费"是基于女方与男方离婚后，因女方没有取得×公司股权，也不可能保持离婚前原有的经济收入水平，为了让女方离婚后的生活水平与原有经济生活水平不至于相差太大而给予女方的"生活费"，该生活费与《中华人民共和国婚姻法》（已失效）第四十二条规定的生活困难的经济帮助金有着本质的区别，因而，并不能适用《中华人民共和国婚姻法》（已失效）第四十二条规定来规范双方的约定。

4. 原审法院适用《中华人民共和国婚姻法》（已失效）第三十九条作出判决，依照该规定，是应当认定双方签订的《离婚协议书》全部有效的。但原审法院却认定协议书该约定无效，明显适用法律与判决自相矛盾。《中华人民共和国婚姻法》（已失效）第三十九条规定："离婚时，夫妻的共同财产由双方协议处理；协议不成时，由人民法院根据财产的具体情况，照顾子女和女方权益的原则判决。"在这里，《中华人民共和国婚姻法》（已失效）再次明确了夫妻双方对共同财产的自由处分原则，也就是说，离婚时，夫妻的共同财产由双方协议处理，协议优先，对夫妻双方的处理意见应当予以充分尊重。只有当双方"协议不成"时，才由人民法院根据财产的具体情况进行判决。在本案中，女方与男方在 2004 年 11 月 1 日到×镇人民政府办理离婚手续时，已经由双方协议做了处理。该夫妻共同财产的处理及补偿款的约定在没有违反法律禁止性条款的情况下，人民法院应依法予以维持。

第四，原审判决适用法律错误、混乱。

（具体内容：略）

二审开庭时，除了组织补充相关证据外，同时区别于上诉补充意见，游植龙律师有所侧重地从理论上、法律规定上、实践角度上以及法律价值上，提出了如下代理意见：

1. 男方与女方签订的《离婚协议书》是双方的真实意思表示，并无违反法律强制性规定，合法有效。

男方与女方双方多次商定的《离婚协议书》于 2004 年 10 月 22 日到×律师事务所由律师依法进行见证，2004 年 11 月 1 日到×镇人民政府办理离婚手续，男方有相当长的时间可以对协议内容进行充分考虑。尤其是在×镇人民政府重新打印并签订的《离婚协议书》中，男方还亲笔写上了"本人自愿离婚，完全同意本协议书的各项安排，亦无其他不同意见"，这充分说明是男方真实的意愿表示。

男方与女方签订的《离婚协议书》是在男方经过深思熟虑的前提下，经过多次协商达成的离婚和财产分割与补偿协议。男方作为正常的有完全行为能力的成年人，非常清楚也十分明白该协议书所有的内容及法律后果。男方是一个非常聪明的人，他之所以愿意签订该协议书，是考虑夫妻共同财产的状况以及夫妻关系的现状、其本人已有新欢的情况、18 年夫妻感情基础、男方本人的经营支付能力后作出的符合其内心意愿的真实意思表示，是在平等自愿的基础上签订的，不存在任何受胁迫的情况，也不存在显失公平问题，是合法有效的。

当事人对夫妻共同财产的处分及其补偿的约定，只要没有违反法律强制性禁止规定，则为有效，人民法院应予以支持。

2. 夫妻离婚时财产处分及补偿的约定自由是《中华人民共和国婚姻法》（已失效）确立的基本原则，男方与女方签订的《离婚协议书》是此原则的体现，应当予以保护。

在我国婚姻家庭关系中，夫妻个人财产、共同财产约定的自由是《中华人民共和国婚姻法》（已失效）确立的基本原则。《中华人民共和国婚姻法》（已失效）第十九条明确规定："夫妻可以约定婚姻关系存续期间所得的财产以及婚前财产归各自所有、共同所有或部分各自所有、部分共同所有。"也就是说，一个人，他可以将自己婚前的财产以及婚后的财产全部约定给对方所有，这种约定合法有效。同样，在离婚时，一个人不仅完全可以将夫妻共同财产大部分甚至全部约定归对方所有，也完全可以将自己的婚前财产约定归对方所有，这种约定同样合法有效。在作出约定的同时，一个人也完全可以再另行给予对方一定的补偿金，这种补偿同样合法有效。这种对个人财产、夫妻共同财产的自由处分权利，是当事人对财产意思自治原则的体现，不论在法律上还是在司法实践中，均予以充分的保护。因为，在夫妻关系中，除了有财产关系外，更大程度上是人身关系和感情因素，《中华人民共和国婚姻法》（已失效）并不适用等价有偿的原则。男方与女方签订《离婚协议书》时，根据夫妻共同财产的状况及男方急于离婚的情况，对夫妻财产作出自由处分，约定给予女方补偿款和生活费，符合《中华人民共和国婚姻法》（已失效）规定，依法应予以保护。

3. 《离婚协议书》对男方一次性支付女方补偿款和分期支付生活费的约定合法、合理，依法应予维持。

男方与女方签订的《离婚协议书》约定由男方一次性支付补偿款300万元及每年支付10万元生活费给女方，该约定综合考虑了以下四方面的因素：

其一，在女方与男方的夫妻共同财产中，×公司是夫妻双方于1990年就开始经营的十几年的心血形成的，从1990年至今17年无不倾注了女方大量的心血。该公司是夫妻双方的最重要和最主要的经济收入来源，除了日常生活、交际、旅游花费等高额支出外，夫妻双方现在的现金积蓄和几年来购入的全部共超过1000万元的财产皆由此而来，该公司所形成的效益和客户、无形资产是巨大的、无可估量的。而在离婚协议分割该公司股权时，按照双方的约定，由男方和其儿子各占50%的股权，女方在该公司将一无所有，女方最重要和最主要的经济收入来源将因此而丧失，女方想按照离婚前的资产增值趋势继续获得收入将不可能存在，正是有鉴于此，男方才自愿给予女方 300 万元的补偿，以作为其取得股权、取得夫妻其他财产而给予女方的财产分割补偿金。从严格意义上讲，这笔补偿款其实是夫妻财产分割利益的差额补偿。

其二，男方与第三者有婚外情，为了急于离婚，除了在分割夫妻共同财产时作出一定让步、以现金方式作出差额补偿外，还自愿提出对女方作出经济补偿，以此为条件要求女方同意与其迅速离婚。男方与第三者于 2005 年 7 月生下一男孩，此事实也充分证明男方于 2004 年 10 月与女方提出离婚的迫切心情。

其三，由于男方与他人有婚外情而非法同居的事实，男方作为过错方而与女方离婚，女方作为无过错方，有权获得损害赔偿。男方提出离婚，其心中有愧，因而自愿作出补偿。

其四，女方自 1986 年 3 月 19 日与男方登记结婚后，18 年来风雨同舟，共同经营，精心付出，才有今天的家庭、今天的事业、今天的收入。女方为这个家庭，为这个公司，付出了很多很多。而今，女方人老色衰，男方竟然抛弃糟糠之妻，为了一个第三者而弃妻再娶，从道义上、从良心上，男方自愿给予女方补偿合情合理。

综上所述，正是由于主要考虑到男方取得了 × 公司 50% 的股权，而女方丧失了该公司股权、日后经济收入必然不能保持原有水平，以及男方取得了其他夫妻共同财产、可能存在隐瞒财产的夫妻财产现状的实际情况，同时也考虑到正是由于男方有了婚外情而急于离婚的迫切心情，考虑到女方 18 年辛苦付出的感情补偿，男方才提出并愿意给予女方 300 万元补偿款。男方在提出该方案时完全有充分的时间进行考虑，他本人也衡量到其自身的支付能力以及日后的赚钱能力，综合各方面的因素，男方自愿给予女方补偿款 300 万元及每年支付 10 万元生活费，这是完全合情

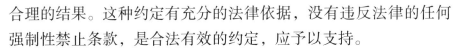

合理的结果。这种约定有充分的法律依据，没有违反法律的任何强制性禁止条款，是合法有效的约定，应予以支持。

4. 原审判决认定男方与女方约定的补偿协议无效，是一个无法律依据的恶劣的判例，应予撤销。

原审判决无视男方与女方约定的补偿协议的合法、合情、合理，而以"不符合《中华人民共和国婚姻法》（已失效）所规定的生活困难的条件，该约定无法律依据，应予无效"为由认定无效。该判决不仅无视《离婚协议书》符合《中华人民共和国婚姻法》（已失效）规定的财产处分约定自由精神、没有违反法律强制性规定，而将有效的财产分割差额和精神伤害补偿强说成"经济帮助金"，这样的判决，除了没有法律依据外，也必将会带来一个非常恶劣的判例，那就是：怂恿和鼓励当事人为了达到迅速离婚目的而在财产上作出让步后，又可向人民法院诉请协议无效。如果这样的判决得以维持，那么我们的法律保护的将是虚伪和欺诈，我们提倡的诚实信用原则和协议的严肃性将荡然无存。如果真是这样，那么这样的法就是恶法，而不是善法。

显然，在司法实践中，对此种恶劣做法也绝不会予以支持。最高人民法院民事审判第一庭在《最高人民法院婚姻法司法解释（二）的理解与适用》中也明确指出："对于那些以获得配偶同意迅速离婚为目的，将大部分或者全部夫妻共同财产均答应给予对方，而一旦达到离婚目的，即以协议显失公平为由起诉，请求人民法院撤销该协议的当事人，不能予以支持。"

综上所述，男方和女方在《离婚协议书》中约定男方支付补偿款和生活费，是双方的真实意思表示，合法有效，应予支持。一审判决该约定无效，并无法律依据，依法应予撤销。

以上代理意见，请法庭充分予以考虑，依法作出撤销一审判决、驳回男方之诉讼请求的公正判决。

三、判决结果

由于逻辑严密，说理充分，佛山市中级人民法院最终采纳并引用了游植龙律师的观点，于2007年1月29日作出终审判决，确认该《离婚协议书》关于男方一次性支付女方补偿款300万元及每年支付10万元生活费给女方的约定有效。

在游植龙律师的代理下，女方的上诉请求得到法院支持，本案胜诉，深受好评。游植龙律师代理的本案例因"出色运用法律专业技巧成功代理，对同类案中的法律服务起积极示范作用"，获广州市律师协会授予2007年度"业务成就奖"（见图7-1），该案例获广东省律师协会颁发的"广东省律师业务典型案例评选二等奖"（见图7-2）。

图7-1 因经办本案，游植龙律师获广州市律师协会授2008年度"业务成就奖"

图7-2 本案在2008年广东省律师业务典型案例评选中获二等奖

经办律师简介

游植龙律师，中山大学法律系经济法学专业本科；中国政法大学经济法学硕士研究生。一级律师，全国维护妇女儿童权益先进个人，广东省优秀律师。1991年开始律师执业，现为广东君信经纶君厚律师事务所高级合伙人。办案经验丰富，擅长办理婚姻家事、财产纠纷法律事务，对婚姻继承法律有深入的研究，办理了大量复杂的家族财富传承、离婚、子女抚养、夫妻财产分割、遗产继承等家事案件。广东省律师协会婚姻家事法律专业委员会主任，广东省法学会婚姻家庭法学研究会副会长，中华全国律师协会婚姻家庭法专业委员会委员，第六、七、八届广州市律师协会婚姻家庭法律专业委员会主任，香港树仁大学兼职教授，华南师范大学律师学院兼职教授，广东司法警官职业学院律师学院客座教授，广东省地方法规政策性别平等咨询评估委员会专家组成员，广东省婚姻与家庭法律事务律师专家库专家，广东省律师公证员高级职称评审委员会评审专家库专家，广东省民政智库专家，广东省妇联妇女维权专家顾问，广东省民营企业律师服务团成员，广东省民法典普法宣讲团成员。

许×ATM 盗窃案

一、案情简介

2006 年 4 月 21 日晚 10 时，被告人许×来到天河区黄埔大道×银行的 ATM 取款机取款。结果取出 1000 元后，他惊讶地发现银行卡账户里只被扣了 1 元，狂喜之下，许×连续取款 5.4 万元。当晚，许×回到住处，将此事告诉了同伴郭×山。两人随即再次前往提款，之后反复操作多次。后经警方查实，许×先后取款 171 笔，合计 17.5 万元；郭×山则取款 1.8 万元。事后，二人各携赃款潜逃。

同年 11 月 7 日，郭×山向公安机关投案自首，并全额退还赃款 1.8 万元。经天河区法院审理后，法院认定其构成盗窃罪，但考虑到其自首并主动退赃，故对其判处有期徒刑一年，并处罚金 1000 元。而潜逃一年的许×，17.5 万元赃款因投资失败而挥霍一空，于次年 5 月在陕西宝鸡火车站被警方抓获。经广州市中院审理后认为，被告许×以非法侵占为目的，伙同同案人采用秘密手段，盗窃金融机构，数额特别巨大，行为已构成盗窃罪，遂判处无期徒刑，剥夺政治权利终身，并处没收个人全部财产。

许×随后提出上诉，经广州市中级人民法院重审。杨振平律师作为其辩护人提出的辩护意见是：

（一）本案事实不清、证据不足

理由如下：

1. 被告人许×只记得其银行卡内有 170 多元，具体数额记不清楚，证实其账户余额为 176.97 元的证据只有银行出具的账户流水清单，无其他证据印证。

2. 账户流水清单记录的时间、次序有误。

3. 银行的自动柜员机为何出现错误、出现何种错误不明确。因此，本案无法得出许×帐户只有 176.97 元及其每取款 1000 元账户仅扣 1 元的必然结论。

（二）被告人许×的行为不构成犯罪，重审应当作出无罪判决

理由如下：

1. 许×以实名工资卡到有监控的自动柜员机取款，既没有篡改密码，也没有破坏机器功能，其行为对银行而言是公开而非秘密。许×取款是经柜员机同意后支付的，其行为是正当、合法和被授权的交易行为。因此，许×的行为不符合盗窃罪的客观方面特征，不构成盗窃罪。

2. 许×通过柜员机正常操作取款，在物理空间和虚拟空间上都没有进入金融机构内部，因此，许×的行为不可能属于盗窃金融机构。

3. 许×的占有故意是在自动柜员机错误程序的引诱下产生的，具有偶然性；自动柜员机出现异常的概率极低，因而许×的行为是不可复制、不可模仿的；本案受害单位的损失已得到赔偿，许×的行为社会危害性显著轻微；现有刑法未对本案这种新

形式下出现的行为作出明确的规定，法无明文规定不为罪，应对其作出无罪判决。

4. 许×的行为是民法上的不当得利，因该不当得利行为所取得财产的返还问题，应通过民事诉讼程序解决。

本案于2008年3月31日15时公开宣判。法院认定被告人许×犯盗窃罪，判处有期徒刑5年，并处罚金2万元；继续追缴许×未退还的犯罪所得人民币173826元。

许×再度上诉，2008年5月，广东省高级人民法院二审驳回上诉，维持原判。

二、案件意义

代理许×盗窃案入选《中国疑难刑事名案法理研究——许×案件的法理争鸣》（赵秉志主编）。一度引起社会广泛关注的"许×案"，随着2008年8月20日最高人民法院复核裁定的作出而尘埃落定。但是，作为中国法治建设领域的一个典型案件，许×案的影响却将是长期而深远的。这不仅因为许×案获得了社会公众、新闻媒体、专家和学者广泛而热切的关注，也不仅因为许×案对我国刑事立法和刑法理论发展所可能引发的积极推动，更为重要的是，许×案启发了民众的法治观念、权利意识和对司法正义的理解。许×案的解决已经不是一个简单的刑事司法技术问题，而是民意、司法和立法等多方演绎的结果。

▌ 经办律师简介

杨振平律师，毕业于西北师范大学，后在中国政法大学研究

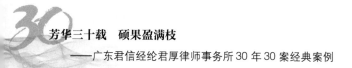

生院经济法研究生班、中国人民大学法学院民商法研究生班、纽约大学法学院进修。1992 年进入华南理工大学法学院，从事法学教学和研究多年。1998 年起从事专职律师工作，二十多年执业经验。现为广东君信经纶君厚律师事务所高级合伙人。曾担任全国热点案件"许×ATM 盗窃案"辩护律师，取得突出辩护效果，在全国范围内产生广泛影响。办理的法律业务主要以大型经济诉讼为主，主要涉及经济犯罪辩护、大宗商品贸易纠纷处理、企业历史产权纠纷等领域，从业经验丰富。为各类大中型企业、国家机关和科研院所等企事业单位代理过各种民事、经济诉讼和非诉讼案件，专业理论知识和实践经验丰富，对复杂、疑难纠纷案件有较深入的研究。

机场公司与通×公司航空器留置权案

一、案情简介

2007年9月，东×航空公司与机场公司签订协议，由机场公司为东×航空公司运营提供服务。协议签订后，机场公司依约提供了航空服务。但东×航空公司未能按时全部支付航空服务费用。2009年初，机场公司获悉东×航空公司被部分债权人申请破产清算的消息后，于2009年3月15日通知将东×航空公司停留在机场的三架飞机进行留置。后通×公司及其三个子公司致函机场公司，声称对该三架飞机享有所有权并主张取回。机场公司事后得知该三架飞机是东×航空公司从通×公司及其子公司通过融资租赁取得的，并且融资租赁没有到期，所有权尚未转移给东×航空公司。于是，机场公司以通×公司及其三个子公司为被告向广州市中级人民法院提起民事诉讼，请求确认留置行为合法并请求实现留置权，主张四被告共同支付维修费等4400多万元。广州市中级人民法院受理该案，罗春霖律师作为机场公司诉讼代理人。

广州市中级人民法院认为，根据我国在《移动设备国际利益公约》作出的特别声明以及我国国内法的法律规定，均允许债权人在我国领土范围内基于航空器产生的债权对航空器进行留置或扣押以实现债权。而依照我国留置权法律制度的规定，机场公司对案涉飞机进行留置时并不负有对留置标的物所有权人是否为债务人本人进行审查的义务，故认定机场公司行使留置权的行为合法。通×公司等行使取回权的条件是需承担东×航空公司在经营中产生的与飞机直接相关的债务。

2013年6月3日，广州市中级人民法院作出判决，确认机场公司的留置行为合法；并判决通×公司等四被告承担连带清偿责任，支持了机场公司申请的4400多万元中扣除通过破产清算获得的830多万元的余下部分的3570多万元的诉讼请求。机场公司在一审诉讼中取得全面胜利。

通×公司等四被告不服，提起上诉。二审审理过程中，经办律师顾全大局、积极促使案件和解，在广东省高级人民法院的主持调解下，最终中外各方当事人达成调解协议，案件执行顺利，纠纷得到圆满解决。本案民事判决书见图9-1。

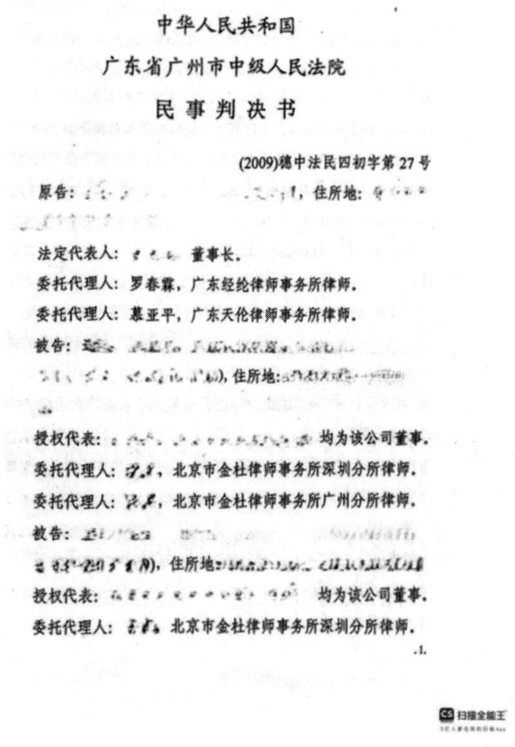

图9-1　本案民事判决书

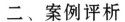

二、案例评析

本案为我国民用航空器留置权司法第一案。本案案件标的额巨大，涉及机场公司、通×公司、天×航空等航空业知名企业，对所在地区机场和航空业的运营秩序具有重大影响，且存在国际营商环境保护、外交关系、开拓国际市场业务等多种复杂因素。当时我国航空法尚无与民用航空器留置权相关的实体法规定，国际及国内亦均没有可供参考的案例。对于该类案件管辖法院的确定、适用的法律、确认留置权的依据、留置权的性质、留置权的适用范围、留置权与取回权的关系、留置权适用种类选择、航空器相关行为的判断标准等，我国现行法律均没有专门且明确的规定，为经办律师代理该案件带来极大的困难和压力。

经办律师经过认真研讨分析，确定了案件适用的国内法和国际公约，明确了留置权的性质、范围和依据、留置权的实现方式，阐明了留置权与取回权的关系、案件被告选择的理由，厘清了与航空器有关行为的范围，特别是引入了商事留置权的概念和规则，有力地驳斥了通×公司及其子公司另案起诉机场公司侵权的主张。

本案的难点及经典之处在于：

（一）正确选择了广州市中级人民法院对案件的管辖

尽管被告通×公司及其子公司属于外国公司，但该案属于中国涉外民事诉讼案件，中国法院行使管辖权有充分依据。根据《中华人民共和国民事诉讼法》（2007 年修正）（已被修改）第二百四十一条的规定："因合同纠纷或者其他财产权益纠纷，对在中华人民共和国领域内没有住所的被告提起的诉讼，如果合同在中华人民共和国领域内签订或者履行……或者被告在中华人民共和国领域内有可供扣押的财产……可以由合同签订地、合同履行地、诉讼标的物所在地、可供扣押财产所在地、侵权行为地或者代表机构住所地人民法院管辖。"据此，机场公司合理利用留置权的优先权，将留置行为地同时也是可供扣押财产所在地，作为对抗破产案件由债务人住所地法院管辖的因由，确保了广州市中级人民法院对本案的诉讼管辖权。

（二）明确了航空器留置权的法律依据

因为是我国第一例航空器留置权案，各方围绕其法律依据产生了巨大争议。经办律师以充分的国内法和国际法依据支持了机场公司的留置行为。在国内法方面，虽然我国国内法没有对航空器的留置作出专门规定，但是物权法、担保法均有相应规定，特别是对于已经合法占有的债务人的动产。留置权是民事权利主体在民商事经营中，为了维护自己的合法债权而依法对合法占有的债务人的财产进行留置，以保证权利实现的一种重要权利。本案中，因为所有权人和占有人是利益共同体，修理及保管飞机不仅要保证飞机飞行的良好性能，还要保证飞机的安全，不仅承租人得到利益，所有权人也受益。所有权人与占有人之间有约定的，应由所有权人与占有人自行解决他们之间的争议。在本案中，飞机出租签约时，通×公司和东×航空公司之间应有约定，也应包含相应的法律责任的规定，《中华人民共和国物权法》（已失效）第一百零六条第三款、第二百三十条、第二百三十一条分别就留置权的取得、一般留置和商事留置做了规定。根据《中华人民共和国物权法》（已失效）第一百零六条第三款的精神，债权人所留置的动产，不一定必须为债务人所有，只要是债务人提交债权人合法占有的动产即可。《中华人民共和国物权法》（已失效）第二百三十一条规定："债权人留置的动产，应当与债权属于同一法律关系，但企业之间留置的除外。"因此，本案中，机场公司对由东×航空公司提交保管和维修的所有的飞机进行留置，具有国内法依据。特别强调，在本案中，经办律师巧妙地利用了国际法规则，我国加入《移动设备国际利益公约》和《移动设备国际利益公约关于航空器设备特定问题的议定书》时的声明可以为航空器留置权提供依据：全国人大常委会就《移动设备国际利益公约》第三十九条第一款（a）项和（b）项第三十九条第四款第四十条做了特殊声明，强调因航空器产生权利义务关系时，债权人可以对航空器进行扣押以实现权利。经办律师从而主张：在我国领土范围内，债权人基于航空器产生的债权，可以扣押或者扣留债务人的航空器，包括留置航空器。

（三）阐明了留置权与取回权的对应关系

作为留置权实现的依据，是被告因主张行使取回权而与机场公司发生权利义务关系。也就是说，取回权的行使主体既可以是东×航空公司也可以是飞机的实际所有人通×公司。由于本案存在留置权产生的债权债务关系和实现债权债务关系的取回权与留置权之间形成的权利义务关系，机场公司可以根据不同的法律关系确定本案的被告。由于东×航空公司拒绝行使取回权，也拒绝履行债务，作为被留置飞机的实际所有人的通×电气航空等四公司则表明要行使取回权，则机场公司可以选择通×公司及其子公司作为被告请求法院确认对飞机行使留置权的合法性和正当性。

（四）准确利用商事留置权概念，合理规避风险

由于国际民用航空的特殊性，加之航空器价格昂贵，长期留置多架航空器必然产生高额的费用，造成经济损失。经办律师合理利用"商事留置"原理，建议仅留置一架飞机，将其他两架飞机在被告提供担保的情况下"提前放行"，避开了"民事留置"债务需要一一对应的要求，合理止损，防止损失扩大，维护了各方的利益，受到各方支持。

关于航空器留置权，是国际航空法学界近年来热切关注的理论问题，在司法实践中几乎没有成案和先例，因此本案在法学领域、航空业界引起了广泛关注，多位国内知名法学家就本案发表了学术意见。本案是我国涉外审判实践中的成功范例，具有开先河之意义。本案的成功对司法实践、国际航空规则、国际航空纠纷解决均具有重要的参考价值。本案是多元化解决国际航空纠纷的一个非常成功的典型判例。

2019年，广州市中级人民法院发布《广州法院涉外民商事审判白皮书（2008—2018）》，本案入选涉外民商事审判十大典型案例。2021年，本案入选中华全国律师协会《涉外法律服务优秀案例集》。

经办律师简介

罗春霖律师，现为广东君信经纶君厚律师事务所监事会监事长、高级合伙人；现担任广东省职工文化体育协会监事长，曾担任中山大学岭南学院 EDP 同学会"岭南智库"法律咨询组专家、

广州市法援法律专家、广州市律师协会民事法律专业委员会副主任、广州仲裁委员会仲裁员。深耕民航、铁路、电网等关键基础设施领域，在复杂商业诉讼方面具有丰富的从业经验，办理的案件曾被新华社、中央电视台广为报道，具有良好的社会影响。2012年被广州市律师协会授予"2011年度业务成果奖"。

中国信达资产管理股份有限公司广东省分公司对广东嘉粤集团有限公司等 34 家公司进行破产重整案

一、案情简介

广东嘉粤集团有限公司（以下简称"嘉粤集团"）成立于 2000 年，员工 3000 多人，曾是湛江市最大的民营企业，主要经营范围包括房地产开发、酒店管理与经营、融资担保等。嘉粤集团由于房地产业务扩张过快，大举向民间高息融资，项目投资失误，加之国家金融、房地产政策调控影响，导致资金链断裂。

嘉粤集团于 2012 年 11 月向湛江市中级人民法院（以下简称"湛江中院"）申请破产重整。因嘉粤集团 34 家公司严重丧失法人财产独立性和法人意志独立性，各公司之间法人人格高度混同，湛江中院裁定对嘉粤集团 34 家公司进行合并重整（以下简称"嘉粤集团重整案"）。嘉粤集团重整案申报债权共 399 份，申报债权总额 144 亿元，确认 56 亿元，有争议债权 14.6 亿元。

2013 年 6 月，湛江中院公告引入重整项目投资人。《湛江日报》对此进行了报道（见图 10-1）。该公告公布后，仅有一家位于广西的×集团公司响应，签署《重整项目投资合同》并交纳了保证金。尽管该公司拟拿出总额 39 亿元的资金用以重组，但由于出资人组、职工债权组和普通债权组通过率均未达到法定要求，《重整计划草案》未获通过。后虽陆续接洽其他投资者，但

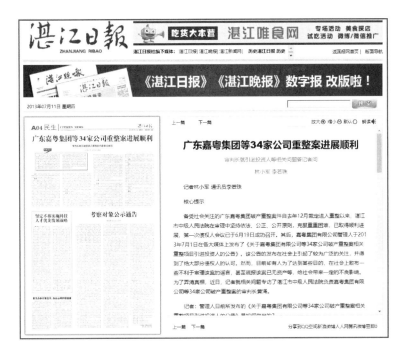

图 10 −1　　《湛江日报》对本案的报道

均未成功，由此给包括债权人、地方政府、员工等各方带来了巨大的压力，可能引发地方维稳及区域性金融风险，情势相当紧急。

中国信达资产管理股份有限公司广东省分公司（以下简称"信达"）于 2013 年 12 月底开始介入重整项目。基于广东君信律师事务所（现为"广东君信经纶君厚律师事务所"，以下简称"君信"）在破产及金融方面的专业能力及丰富的经验，信达于 2014 年 1 月 10 日正式委托君信全面处理该项目。君信接受委托后，顶住时间紧急、任务重且临近春节等压力，立即组织专业的项目团队全面投入该项目；会同信达对于交易结构进行全面详尽的设计论证并出具法律意见书；前往湛江及广州等地核实了嘉粤集团所有的债权债务及资产并出具尽职调查报告；参与信达与湛江当地政府部门、湛江中院、嘉粤集团实际控制人、破产管理人等各方的单边或者多边等多轮谈判；与信达及其北京总部抽调的全系统相关人员就项目推进过程出现的情况和问题随时召开会议研商；起草制作项目涉及的全部法律文件。

　　经各方共同的不懈努力，并经历大量艰苦的谈判博弈，2014年 5 月信达最终提出以 36.65 亿元对嘉粤集团进行破产重整的重整计划草案，并获得债权人会议分组表决通过（见图 10 - 2），2014 年 6 月 5 日湛江中院裁定批准债权人会议通过的上述重整计划，从而取得了包括债权人、债务人、员工、地方政府等在内的各方共赢的良好结果。

图 10 - 2　《南方日报》对本案的报道

二、律师工作成果

在嘉粤集团重整案中，君信主要取得了以下工作成果：

（一）社会效果显著

嘉粤集团重整案一直备受社会关注，并被南方日报、深圳商报等新闻媒体称为"中国标的额最大重整案件之一"，"该案是湛江地区迄今为止规模最大的企业破产重整系列案，涉案债权额、债权人数、企业职工人数、涉案企业数以及该案对地方经济社会的影响力均创下了历史之最"。在信达介入前，作为唯一一家潜在投资人的广西×集团公司提出的重整计划已经流产，原本寄望通过启动重整程序获得盘活生机的嘉粤集团，面临破产清算的危险。一旦重整失败，该案将因此使得当地银行出现大面积的不良资产，给湛江市的金融秩序带来强烈冲击，引发当地社会矛盾。君信接受信达委托后，全程提供法律服务，协助信达最终完成对于嘉粤集团的破产重整，赢得各方的一致支持与认可，有效化解了可能出现的社会维稳及区域金融风险，取得了各方共赢的良好社会效果。

（二）专业高效，当事人赞誉有加

嘉粤集团重整案庞大复杂，仅破产管理人，湛江中院就同时选择了六家中介机构。由于形势急迫，在信达决定介入该项目后，立即面临需要在极短的时间内完成交易结构的设计，错综复杂的债权债务关系以及庞大的资产核实，与地方政府、法院、破产管理人、债权人、债务人等各方协商谈判、制作重整计划草案、起草大量的相关法律文件等一系列艰难繁钜的工作。君信律师顶住压力，凭借自身的专业能力与勤勉拼搏的工作态度，夜以继日地工作，为委托人赢得了时间和先机，为委托人推进项目实施提供了有力的支持。君信卓有成效的工作，赢得了各方的一致认可与赞誉。

（三）业务开拓创新，丰富司法实践

嘉粤集团重整案被《21 世纪经济报道》（见图 10－3）、财经网等誉为信达非金融机构不良资产收购的一个典型样本。嘉粤集团重整案在交易结构设计上，除了传统的债务重组外，还涉及股权重组，并创造性地设计信托 SPV 结构，即将嘉粤集团全部股权过户至信达实际控制的新设 SPV 名下，再由信托公司以他益信托方式代持 SPV 股权。嘉粤集团重整案的顺利实施，既满足了委托人的商业安排，取得了良好的社会效果，也丰富了律师参与企业重整业务的司法实践。

信达非金不良资产重整嘉粤集团样本：整体受偿率超90%- 21世纪网

21首页　独家　财经　金融　机构　政经　科技　汽车　房产　评论　体坛　图片　消费报告　21分析师

21世纪网　首页 > 金融 > 综合 > 正文　　　　A⁻ A⁺

信达非金不良资产重整嘉粤集团样本：整体受偿率超90%

21世纪经济报道 王烨 2014-09-24 04:40:48　　💬 0

核心提示： 一度陷入僵局的广东嘉粤集团破产案，随着信达资产的介入获得重整的机遇。这也是AMC开展非金融机构不良资产收购业务的一个缩影。

21世纪经济报道 一度陷入僵局的广东嘉粤集团破产案，随着信达资产的介入获得重整的机遇。这也是AMC开展非金融机构不良资产收购业务的一个缩影。

今年5月，信达资产管理股份有限公司（下称"信达资产"）出资36.65亿元对嘉粤集团进行整体重整，成为嘉粤集团重整时点的唯一债权人，并为其设计了债务重组方案，以及3年内偿还重组本金和重组补偿金的交易结构安排。

近日，21世纪经济报道记者从信达资产获悉交易细节，根据《嘉粤集团重整计划草案》，信达资产出资额加上管理人回收的资金，嘉粤集团破产重整案总共可分配资金为38.2亿元，其中税收债权、职工债权100%受偿，抵押债权整体受偿率超过90%，普通债权人受偿率达20%。

▌金融机构本息可收回

嘉粤集团拥有以嘉粤集团有限公司为主要母公司的34家企业，总部位于湛江，曾经是湛江市最大的民营企业。主要经营范围包括房地产开发、建筑工程施工、酒店管理与经营、生产销售建筑材料、融资担保等。34家企业中，核心资产包括7家房地产开发公司（5家项目公司），1家建筑公司（拥有4个一级建筑资质，3个二级资质），1家五星级酒店。

2012年底，嘉粤集团因房地产业务扩张过快、投资配置不合理、以及涉及民间借贷等问题造成资不抵债，向湛江市中级人民法院申请破产重整。

由于嘉粤集团34家公司严重丧失法人财产独立性和法人意志独立性，各公司之间法人人格高度混同，法院认定嘉粤集团34家公司均由朱兴明实际控制，因此裁定对嘉粤集团34家公司进行合并重整。

经嘉粤集团破产重整管理人的委托评估，嘉粤集团资产价值合计约52亿元。截至2014年4月17日，确认债权总额约为56亿元，另有争议债权约9亿元。

负责该项目的信达资产经营部高级经理沈彤解释称，债权中有约30亿属于工行、农行、中行，以及其他当地7家金融机构。根据信达的重整方案，预计金融机构的本金和利息均能收回。此外，很多民间借贷人的本金早已收回，而重整后的受偿率也能达到20%，所以方案获得各方认同。

在信达资产进入之前，广西索芙特集团有限公司有意参与破产重整，报价约35亿元，但对普通债权人的受偿率只有约10%，最后未获债权人会议通过。此外，华融资产管理公司和东方资产管理公司也都先后有意介入该项目，但均因种种原因退出。

2014年6月5日，湛江中院裁定批准债权人会议通过的"信达方案"合法有效，嘉粤集团破产重整进入执行阶段。

▌纾解地方金融困局

图 10 - 3　《21 世纪经济报道》对本案的报道

经办律师简介

钟欣律师，毕业于中国政法大学，获法学硕士学位，高级律师，1989 年开始执业，执业 35 年。现为广东君信经纶君厚律师事务所高级合伙人。曾任广州市第十三届人民代表大会代表，曾先后为近百家大中型企业及金融机构提供非诉讼法律顾问服务和诉讼代理，在金融证券、破产清算及重整、投资并购及债务重组、商业诉讼及仲裁、房地产等领域兼具深厚的理论功底和丰富的实务经验。曾获广东省律师协会颁发的"广东省律师协会成立 30 周年全省律师行业参政议政杰出贡献奖"，广州市司法局和广州市律师协会颁发的"广州市律师行业亚运工作突出贡献奖"等奖项。

李宏华律师，毕业于厦门大学，获法律硕士学位，执业 19 年。现为广东君信经纶君厚律师事务所董事会董事、高级合伙人，广东省破产管理人协会破产重整委员会副主任。在金融、破产清算及重整、投资并购及债务重组、商业诉讼及仲裁、大型基础设施建设、房地产、IT、劳动法等领域兼具深厚的理论功底和丰富的实务经验，能够全面地为客户所涉及的法律问题提供准确、高效的服务。

何海琼律师，毕业于广州大学，1997 年开始执业，执业 27 年。专长于基础工程建设项目、税收法律、公司法、保险法、劳动法、环境保护法等相关法律，曾任广东省国际税收研究会理事、广东省地方税收研究会理事、广州市律师协会财税专业委员会副主任。除具有丰富的法律专业知识外，还具备财务知识，具有上市公司工作的实践经验，熟悉公司经营管理事务及流程，长期担任多家大中型公司、机构的法律顾问，擅长处理与公司业务相关的法律事务。

何永刚律师，1994年开始执业，执业30年，在民事诉讼、房地产、证券交易以及破产清算等法律领域具有扎实的理论功底和丰富的执业经验。现为广东君信经纶君厚律师事务所监事会监事、高级合伙人。曾担任国内多家国有企业、中外合资/合作企业及政府机构的法律顾问或为其提供法律服务，代理各类诉讼案件超过500多件，作为广东国际租赁破产清算组聘请的处理中国法律事务的负责律师，参与金融机构广东国际租赁公司的破产清算工作。在广东国投破产清算案中负责处理广东国投及其下属子公司拥有的九个证券营业部的整体转让工作。

邢志强律师，毕业于华东政法大学。2000年开始执业，执业24年。现为广东君信经纶君厚律师事务所管理委员会委员、高级合伙人、海口分所主任，广东省刑事法律事务律师专家库首批入库专家、广州市法律援助专家律师、广州开发区区属国企兼职外部董事专家库入库专家，第十二届广东省律师协会理事、公益法律事务工作委员会副主任，广东省破产管理人协会刑事合规及涉刑业务专业委员会副主任，广州开发区控股集团有限公司兼职外部董事，第十届广州市律师协会越秀区律师工作委员会副主任、普通犯罪刑事法律业务专业委员会、律师事务所管理和发展促进工作委员会委员，第四期广州市工会法律服务律师团成员，广州市越秀区人民法院特邀调解员，曾20多次受到国家、省、市级司法行政机关和律师协会的表彰。

邓×建涉嫌故意杀人被判无罪案

一、当事人和辩护人基本情况及案由

被告人邓×建，男，有两次拐卖妇女、儿童罪的前科。邓×建因涉嫌故意杀人罪于2001年12月5日被刑事拘留，同年12月21日被逮捕，广州市中级人民法院指定广东君信律师事务所（现为"广东君信经纶君厚律师事务所"）邢志强律师担任邓×建的辩护人。

二、案情简介

广州市人民检察院经审查查明：2001年8月间，被告人邓×建通过他人介绍，认识了被害人杜×利，二人经常嫖宿。2001年12月2日晚8时许，被告人邓×建审到增城市新塘镇新墩村西新桥头花基草坪处，向正在此处的被害人杜×利提出嫖宿要求，被拒绝后拔出随身携带的水果刀，向杜×利的颈部猛刺数刀，将其刺死。广州市人民检察院认为，被告人邓×建的行为构成故意杀人罪，于2002年9月2日向广州市中级人民法院提起公诉。

三、本案争议的焦点

被告人邓×建是否实施了故意杀人的犯罪行为。

四、控辩双方的意见

（一）控方意见

控方认为，被告人邓 × 建故意杀人的犯罪事实，经查证属实，证据确实充分，足以认定。被告人邓 × 建无视国家法律，故意杀害他人，致人死亡，其行为已构成故意杀人罪。被告人邓 × 建曾因犯罪被判处有期徒刑，刑满释放后五年内又犯罪，是累犯，应当从重处罚。

（二）辩护人意见

1. 本案没有任何证据证明被告人邓 × 建实施了故意杀人的犯罪行为。
2. 本案没有作案工具、赃物等重要证据。
3.《关于杜 × 利死亡时间的推断意见》缺乏科学性、准确性和严肃性。
4. 被告人的作案动机值得质疑。

辩护人认为，本案事实不清，证据不足，被告人邓 × 建没有实施故意杀人的犯罪行为，应当判决其无罪。

五、辩护结果和理由

2002 年 11 月 6 日及 2003 年 1 月 8 日，广州市中级人民法院两次开庭审理本案，辩护人在庭上和公诉人进行了激烈辩论。辩护人提出的本案事实不清、证据不足，应当依法判决被告人邓 ×

建无罪的辩护意见最终被广州市中级人民法院采纳。理由如下：

1. 2001 年 12 月 6 日的《讯问笔录》和被告人的《亲笔供词》不具备证据的真实性，不能作为定案依据。

2. 本案 16 位证人的证言与本案所要证明的事实没有关联性，不能作为认定被告人有罪的依据。恰恰相反，证人凌×香的证言否定了公诉机关指控的作案时间。

3. 作案工具和赃物是认定被告人是否实施故意杀人行为的重要物证，但侦查机关未收集上述证据。

4. 〔2001〕增公刑（技法）字第×号《法医学鉴定书》对被害人的死因、致伤工具、案件性质作出了结论性意见，却对死亡时间这样简单但非常关键而且应该作出结论性意见的技术性问题没有作出鉴定。

5. 公诉机关指控，被告人是嫖宿不成怒而杀人，但对本案的证据进行综合分析，就会发现这个作案动机是非常牵强的。

六、法院判决意见

广州市中级人民法院经审理，认为广州市人民检察院指控被告人邓×建故意杀害被害人杜×利的事实不清、证据不足，据此认定其行为构成故意杀人罪不能成立，判决宣告被告人邓×建无罪。

七、办案总结

承办本案时，辩护人是一名刚执业两年的新丁，转眼已过去 20 年，但是当年办案的情景仍历历在目。本案是辩护人在律师执业生涯中第一次做无罪辩护并获得成功的案例，至今仍感慨良多。

（一）恪尽职守，忠诚于法律，维护法律的正确实施，维护法律的公平与正义，切实保障当事人的合法权益

第一次为被告人做无罪辩护就获得成功，这极大地鼓舞了辩护人，也使辩护人更加懂得了刑辩律师所肩负的责任和使命是何等的重大！因为没有什么东西比人的生命、自由和尊严更值得尊重和敬畏！维护法律的正确实施，维护法律的公平与正义，不仅关乎当事人的合法权益，而且也关乎我们每一个人的合法权益！

（二）认真研究案件，多方调查取证，积极寻找案件突破口

被告人邓×建供述，案发当晚他在出租屋看完电视剧《外来媳妇本地郎》后接着看电视剧《鱼美人》。为核实邓×建的供述是否属实，搜集邓×建是否具备作案时间的证据，辩护人在第一次开庭前即前往广东电视台、南方电视台、广州电视台、央视索福瑞媒介研究公司调取案发当晚电视台播放电视剧《外来媳妇本地郎》和《鱼美人》的资料，并电话咨询广东有线电视、广州有线电视、佛山电视台、深圳电视台、增城电视台，了解有关情况。广东电视台出具了该台于案发的 2001 年 12 月 2 日 19：08—20：00 在珠江频道播出自制节目《外来媳妇本地郎》的证明。

除了搜集上述证据，辩护人还带着助理王晖亲自前往增城的案发现场实地查看，以掌握第一手资料。经实地测算，从被告人邓×建居住的出租屋到案发现场步行需 6 分钟，从案发现场到被害人杜×利居住的出租屋步行需 3 分钟。辩护人根据现场实地查看掌握的情况分析，被告人邓×建的供述与事实不符，其根本不

具备作案时间。

在第一次法庭审理中，辩护人向合议庭陈述了现场实地查看的情况，并强烈要求合议庭成员进行现场实验。庭后，经办本案的侦查员、公诉人、法官共同到案发现场进行了侦查实验。实验证明，根据被告人邓×建供述的作案线路步行的时间和辩护人现场实地测算的时间是完全一致的。上述证据是本案非常重要的证据，它充分证明被告人邓×建供述的作案时间是不能成立的，直接推翻了被告人邓×建的有罪供述。

辩护人觉得，本案之所以能成功地做无罪辩护，源于辩护人认真、严谨、细致的工作态度以及对案件证据的良好把控能力，这应该也是我们每一个执业律师必须具备的专业素质。

本案例入选由广州市律师协会编辑、中国法制出版社2017年5月出版的《笃行：广州律师案例集》（见图11-1）。

图11-1 本案例入选《笃行：广州律师案例集》

经办律师简介

邢志强律师，毕业于华东政法大学。2000 年开始执业，执业 24 年。现为广东君信经纶君厚律师事务所管理委员会委员、高级合伙人、海口分所主任，广东省刑事法律事务律师专家库首批入库专家、广州市法律援助专家律师、广州开发区区属国企兼职外部董事专家库入库专家，第十二届广东省律师协会理事、公益法律事务工作委员会副主任，广东省破产管理人协会刑事合规及涉刑业务专业委员会副主任，广州开发区控股集团有限公司兼职外部董事，第十届广州市律师协会越秀区律师工作委员会副主任、普通犯罪刑事法律业务专业委员会、律师事务所管理和发展促进工作委员会委员，第四期广州市工会法律服务律师团成员，广州市越秀区人民法院特邀调解员，曾 20 多次受到国家、省、市级司法行政机关和律师协会的表彰。

已履行 20 多年的南 × 岛
《承包造林合同书》效力之争

一、案情简介

南 × 岛是 × 市第二大岛，面积 1.63 平方千米，离大陆约 30 海里，因过度开采被废弃，成为荒芜的无人岛。为响应植树造林的号召，李 × 岑于 1992 年 7 月 18 日与原 × 镇人民政府签署《承包造林合同书》，承包期限 70 年。2012 年 1 月 11 日，× 经济开发试验区管理委员会作为原告、× 市海洋与渔业局作为有独立请求权第三人共同起诉李 × 岑，以原 × 镇人民政府无权发包南 × 岛以及未经县级人民政府同意为由，要求确认《承包造林合同书》无效，并要求将南 × 岛交回给第三人保护和开发利用管理。被告李 × 岑委托广东经纬律师事务所（现为"广东君信经纬君厚律师事务所"，以下简称"本所"）的苏祖耀和冉茜律师作为其代理人。

1992 年李 × 岑基于对政府的信赖签署《承包造林合同书》，对南 × 岛投入大量人力、物力、财力，20 年多来几乎没有任何回报，现原告（政府方）却主张《承包造林合同书》无效，严重损害了承包人李 × 岑的合法权益。一审法院于 2013 年 3 月 30 日作出一审判决，确认承包造林合同无效，并判决将南 × 岛交回给第三人保护和开发利用管理。李 × 岑不服一审判决提起上诉，二审多次开庭，后法院决定中止审理；二审法院在三年后即 2016

年 4 月 13 日作出《民事裁定书》，撤销原一审判决，案件发回重审。发回重审后，又经过多次开庭审理后，法院决定延期审理，原告和第三人在 2017 年 12 月主动申请撤诉，×区法院在 2017 年 12 月 27 日作出《民事裁定书》，准许原告撤回起诉，准许第三人撤回独立请求，《承包造林合同书》的合法性得到维护。

二、本案特点

本案特点如下：

1. 本案是较罕见的"官告民"民事案件，涉及政府与民利益之争。

2. 本案涉及政府公信力和契约精神等敏感问题，关乎民众对法治政府、法治社会建设的期盼和信心问题。1992 年，原×镇人民政府为落实国务院及上级政府提出的对南×岛实施绿化造林任务，因缺乏资金，原×镇人民政府主动找到李×岑，希望他能长期承包南×岛进行绿化造林种果畜牧养殖等，李×岑积极响应国家和政府对南×岛绿化造林的号召，在 1992 年 7 月 18 日与原×镇人民政府签署了《承包造林合同书》，承包期限 70 年，×区林业局作为《承包造林合同书》见证单位共同签署合同，合同还在×区农村承包合同办理处进行监证。为实施南×岛绿化造林任务，李×岑出资聘请 200 多名劳务人员长期在南×岛从事植树造林工作，同时还聘请多名劳务人员长年驻扎在岛上看护维护树木植被，近 20 年多的经营过程中，李×岑对南×岛投入大量人力、物力、财力，使原本荒芜的南×岛变成绿树成荫的美丽海岛，实现了南×岛绿化造林目标，而且保护了南×岛的生态环境。

南×岛发生的变化及海岛风光逐渐引人注目，×市政府某些领导想通过确认合同无效，无偿将已发生巨大变化的南×岛收回来进行商业旅游开发，于是一场"官告民"的纠纷拉开了序幕。

3. 本案涉及民法通则、合同法、物权法、土地管理法、森林法、海岛保护法、行政法等多部门法律及相关政策。

4. 原告和第三人是政府部门，手中拥有强大的公权力。事前×市政府和区政府多次开会研究后才决定起诉，诉讼过程中，原告及第三人动用公安、检察、国土资源局等多方力量，对李×岑立案调查，企图以李×岑涉嫌所谓在南×岛上非法采矿等理由迫使其就范，但最终无果。面对原告和第三人强大的公权力，本所律师作为被告代理人，深切感受到维权不易，本所律师尽最大努力为当事人收集证据，走访当时经办《承包造林合同书》的副镇长，走访多位南×岛看岛人，并做了调查笔录，申请六位证人出庭作证，到南×岛进行实地考察，提供了大量证据，据理力争。

5. 该"官告民"案件一开始就受到社会各界及媒体的广泛关注。南方都市报、新快报以及南方电视台《今日一线》、广东卫视《社会纵横》栏目等多家报刊媒体跟踪报道。《南方都市报》在 2013 年 10 月 14 日、15 日、16 日连续三天用大版面详细报道案件，《南方都市报》社论"官民争岛，诉诸法律，又不仅事关法律"一文：围绕南×岛所产生的权属争议，涉及历史、法律等多个方面，有必要回溯彼时岛屿承包开发的来龙去脉。20 年时间，同一座岛屿，之前竭尽全力推出去，现在却想尽办法夺回来。20 世纪 90 年代，中央地方多级政府提出绿化要求，而地方财政却对此无力支付、捉襟见肘，正是政府部门及其负责人的多方动员，才催生出李×岑这样一个'造林功臣'。时过境迁之后，政府人事更迭、机构演变，政策规则的调整同时也应当而且必须有诚实信用的考量，尽最大可能尊重契约精神，以维护行政权力的公信力。……"原告方和第三人不顾政府部门应有的公信力及诚实信用、契约精神，欲强行毁约，这一做法明显与法治政府、法治精神相悖。

6. 案件历时时间长。2012 年 1 月 11 日起诉至 2017 年 12 月 27 日裁定撤诉历时将近七年，其中对案件的争议焦点针锋相对，反复较量，最终以原告和第三人撤回起诉结案。作为本案代理人，本所律师通过充分说理举证，批驳原告方毁约的违约行为，充分发挥律师维护当事人合法权益的法律职能作用，维护了法律的尊严，同时也维护了政府的信用，不仅获得当事人的好评，也产生了良好的社会效果。

三、律师意见

本所律师作为被告李×岑的代理人，深入调查，不仅提供了大量证据，而且向法院提供了详尽的答辩意见、代理意见（约16000 字），多角度分析论证原告和第三人的主张缺乏事实及法律依据，为法院依法公平公正的审理案件提供了有价值的参考意见。本所律师主要从以下三个方面进行抗辩：

1. 原告×经济开发试验区管理委员会仅是×市政府派出机构，并非一级人民政府，也并非由其承继原×镇人民政府职能，原告不是《承包造林合同书》当事人，不是本案适格原告。

2. 第三人×市海洋与渔业局是在《中华人民共和国海岛保护法》颁布后于 2004 年才新成立的政府机构，而涉案《承包造林合同书》签署于 1992 年，第三人在合同签署时尚未成立，也非合同当事人，与合同权利义务责任不具有任何法律关系，不能成为本案第三人，更不享有独立请求权。合同有效并不影响第三人对南×岛的行政管理权的行使。

3. 本案争议的关键焦点是：原×镇人民政府是否获得上级政府同意签署涉案合同，原×镇人民政府是否有权签署涉案合同，合同约定的承包期限是否合法，合同是否违反法律的强制性规定。

本所律师作为被告的代理人，从签署合同背景、合同主体、见证单位、监证单位、合同内容、承包期限、履行过程、诚信原则、信赖原则等方面，综合运用事实、法律、法理一一进行分析论述，并详细论述合同履行过程中得到政府其他有关部门认同的相关事实，出具了详细的答辩意见及代理意见，为经办法官查明案件事实、正确适用法律提供详细的参考意见。

四、案件成果

因承办本案，本所苏祖耀、冉茜律师获广州市律师协会授予2017 年度"业务成果奖"（见图 12 - 1）。

图 12 - 1　本案经办律师获广州市律师协会授予 2017 年度"业务成果奖"

经办律师简介

苏祖耀，博士，武汉大学 1984 年本科、1987 年硕士、1995 年博士毕业。1988 年取得律师资格后在广东省涉外律师所任兼职律师，1992—1993 年在英国 Sinclair Roche & Temperlev 律师行香港分行培训和工作。1996 年取得高级经济师、2006 年取得一级律师职称。现为广东君信经纶君厚律师事务所董事会董事长、高级合伙人。中华全国律师协会第五届理事、中华全国律师协会第六至九届公司法专业委员会委员，第七至九届广东省律师协会公司法专业委员会主任，广州市律师协会多届常务理事，曾任两届广州市城投集团外部董事、广州银行外部监事。现兼任广州市人民政府兼职法律顾问，广州市人大城建环资委专家顾问，最高人民检察院民事行政案咨询专家，国家九院部委联合成立的"涉案企业合规第三方监督评估机制管理委员会"授予的第一批"第三方机制专业人员"，深圳国际仲裁院和广州仲裁委员会仲裁员，武汉大学等多所高校兼职教授，广日股份（股票代码：600894）独立董事、大参林医药（股票代码：603233）独立董事、广州市水投集团、环投集团外部董事。仅广州市律师协会就授予"律师业务成就（果）奖"5 次、"理论成果一等奖"5 次，2001 年被广州市司法局授予"人民满意的律师"称号，2007 年被评为"广州市十佳律师"，2013 年 2 月被广东省律师协会授予"广东省律师行业法律援助突出贡献奖"，2017 年被广东省律师协会授予"2012—2016 年全省优秀律师"，2019 年被广东省律师行业党委评为 11 名"全省优秀党员"之一（综合类），2021 年 9 月被司法部评为"全国优秀律师"。

　　冉茜律师，2007 年 3 月获得律师执业资格，已执业 17 年。现为广东君信经纶君厚律师事务所合伙人、第十届广州市律师协会发展与改革工作委员会委员。曾任第九届广州市律师协会规章制度工作委员会副秘书长，民事法律专业委员会委员。对处理复杂疑难的民商经济诉讼案件以及行政诉讼案件具有丰富的办案经验，能全面分析案情，找准有利于当事人的诉讼思路，取得良好的诉讼效果，获得当事人一致好评。

来穗务工女艰难维权耗时长达两年之久 广州法援援手护公平助其获赔近6万元

2017年12月18日下午，时年46岁的来穗务工人员李女士手持一面写着"法律援助解民忧 正义卫士护公平"的锦旗专程来到广州市法律援助处，感谢广州市法律援助处帮助她排忧解难。

2015年10月26日，李女士怀着忐忑不安的心情走进广州市法律援助服务大厅，咨询其劳动争议仲裁案件是否可以申请法律援助。广州市法律援助处依法受理其申请后，指派广东君厚律师事务所（现为"广东君信经纶君厚律师事务所"，以下简称"本所"）的陈微律师为其提供法律援助。

据李女士陈述，其2009年5月13日入职×（中国）有限公司广州分公司并与该公司签订劳动合同，从事销售工作长达6年多时间。2015年8月13日，公司某领导突然以李女士销售数据不准确为由，恐吓威迫李女士签自动离职书，李女士不仅没有得到一分钱的补偿，而且连7月的工资也未领到，导致其精神恍惚、寝食难安；李女士也曾向公司上级写信申诉，但没有下文；最后因不签离职书，公司直接向她发出了解雇通知。2015年10月26日，在走投无路的情况下，李女士自行向广州市劳动人事争议仲裁委员会（以下简称"市仲裁委"）递交《仲裁申请书》及证据材料，主要请求仲裁×（中国）有限公司及其广州分公司、上海×外包公司支付违法解除劳动关系赔偿金。了解上述情况后，结合李女士已经提交的和未提交的证据材料，陈微律师发现，因《仲裁申请书》是李女士本人书写，其仲裁申请书中所列明的被申请人、仲裁请求和事实与理由，以及提交的证据材料，存在遗漏、不完整和不确切的情况，如其提出入职时间为 2009 年 5 月，但其只提交了一份起始时间为 2014 年 11 月 11 日与上海 × 外包公司签订的《劳动合同》，合同期限为 2014 年 12 月 1 日至 2016 年 11 月 30 日，合同条款中没有写明用工单位，仅写具体工作地点为广州。李女士并未与 ×（中国）有限公司及其广州分公司签订劳动合同。其书写的仲裁请求不完全，将会导致未请求部分被视为弃权，而且存在得不到仲裁庭审理的风险。同时增加、变更仲裁请求的，应在仲裁委通知开庭日期前五个工作日内提出，否则会有不予审理的风险。于是，陈微律师向李女士进行相关风险提示，但因李女士曾经多方咨询，误以为只能就一个合同和一个用人单位申请劳动仲裁，其他合同再提出可能存在已经超过仲裁时效或者可能不受理等等因素，所以其决定仅提交最后一份劳动合同，其目的是想得到一个公平的裁判，并不刻意去追求得到更多的赔偿金。对此，陈微律师耐心解释，若不提交全部所签订的劳动合同，其工龄是不能连续计算至六年半的，经再三考虑，李女士只采纳了陈微律师的部分建议，提交了《增加仲裁被申请人及仲裁请求申请书》及证据材料，主要是增加第四被申请人广州 × 经济技术合作公司，拟通过其社保购买的连续性来证明其实际工龄。然而，李女士在开庭前一直坚持并明确告诉陈微律师自己是入职 ×（中国）有限公司广州分公司，在广州从事销售工作。可庭审时，作为被申请人之一的 ×（中国）有限公司代理人却当庭明确提出李女士与其广州分公司没有任何关系，其是为上海分公司工作。由于出现这一重大变化，李女士与陈微律师商量后当庭撤诉。在这次庭审中，×（中国）有限公司一味地推卸责任，对待劳动者毫不负责，并表现出大公司强势的态度。面对这种艰难的局面，李女士仍然坚定要讨一个说法的决心，重新

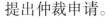

提出仲裁申请。

由于再次立案时列了十位被申请人具有一定的特殊性，市仲裁委本来认为列十个被申请人，极可能存在不妥当之处，不同意立案，但当本所律师讲明案件情况存在特殊因素，不全部列明则可能无法全面查明事实，极易造成申请人工龄无法连续计算的错误后果时，市仲裁委最终同意立案，出具《受理通知书》。

2016 年 4 月 11 日，市仲裁委作出《仲裁裁决书》，裁定由上海×外包公司支付工资差额、违法解除劳动合同赔偿金。该裁决采纳了本所律师的相关意见，不仅认定李女士关于违法解除劳动关系赔偿金的请求合理合法，予以支持；而且依法认定属于"劳动者非因本人原因从原用人单位被安排到新用人单位工作"。故李女士在原用人单位的工作年限应当合并计算为新用人单位的工作年限，即连续计算按 6.5 个月标准计付。

本来李女士仲裁案件大获全胜，完全不需要于起诉期内向有管辖权的法院起诉。但考虑到庭审中被申请方的态度，他们极有可能利用法律程序继续向法院起诉，又因被申请方公司的注册地在上海，如果其利用管辖权的规定，向上海有管辖权的法院提起诉讼，从审理地点、交通和时间成本等方面衡量，均可能对李女士不利。为此，李女士接受各方建议，在起诉期内向广州市越秀区人民法院提起诉讼。果然，不久上海×外包公司在上海×法院提起诉讼。但因李女士起诉在先，案件被移送至广州市越秀区人民法院审理。

案件经过仲裁、法院一审、二审审理，历时 2 年多，于 2017 年 12 月 15 日由广州市中级人民法院作出驳回上诉，维持原判的终审判决。主要判决结果为上海×外包公司向李女士支付违法解除劳动合同赔偿金共计 56935.71 元。判决生效后，上海×外包公司向李女士履行了支付赔偿金的判决义务。

当李女士拿到胜诉判决书的那一刻，她激动地说："作为一名普通的来穗务工人员，虽然维权之路艰辛漫长，但有广州法援伸出援手守护公平。我遇到好人了，感谢广州市法律援助处和法援律师，同时，也感谢广州市仲裁委，感谢广州市越秀区人民法院和广州市中级人民法院，让我终于拿到了赔偿金！"

《广州法援》期刊"案说法援"刊登了本案例（见图 13 – 1）。

图 13 – 1　2017 年第 2 期（2017 年 12 月出版）《广州法援》"案说法援"刊登本案例

经办律师简介

陈微律师，从事律师工作 20 多年，现为广东君信经纶君厚律师事务所合伙人，具有丰富的法律知识和实践经验，办理了大量民事、刑事、行政、仲裁等各类案件，并担任多家大型企业、事业单位法律顾问，为当事人提供最优质的法律服务。在长期办案中熟悉诉讼操作规程，掌握丰富的办案技巧与方法，并在此基础上形成了诚实守信、踏实严谨、认真负责、讲求效率的执业风格，还擅长于将法学理论与实践融合在一起，任何疑难案件都能以专业的水准、娴熟的技巧高效解决，对当事人交付的法律业务，总是亲力亲为，赢得当事人的广泛好评。同时，还具有良好的职业道德和高度的社会责任感，在不断拓展业务的同时不忘利用自己的专业知识担任公益律师回报社会，力所能及地帮助需要获得法律援助的社会大众。被广州市律师协会授予 2013 年度法援优秀奖，2021 年度、2022 年度优秀公益律师奖和维护社会稳定奖、2022 年度"业务成果奖"。

钟××涉嫌组织、领导、参加黑社会性质组织罪一案

一、案情简介

自 1999 年开始，刘×添先后担任广州市萝岗区刘村原村委书记、萝岗区东区街刘村社区居委会原党委书记，并利用其身份制定了"刘村辖区内所属村、社的土地上的工程必须由本村、社人员承建，外人不能插手"的不成文规则。刘×添与朱×高等人先后成立砼×公司、穗×公司。刘×东兄弟等人成立宏×工程队。2008—2016 年期间，刘×添、朱×高、陈×登、刘×东纠集孔×熊等人，带领公司业务员、手下工仔、各自社员等人，通过实施暴力、威胁、滋扰、聚众造势、阻拦施工等非法手段，排挤竞争对手，或向非刘村的工程队及供应商索要"地材费""管理费"等作为补偿。同时，刘×东、陈×登等人通过上述手段迫使施工方将工程的混凝土供应业务交由穗×公司承接，从而收取穗×公司支付的高额业务费作为回扣。该势力团伙逐步形成了以刘×添、朱×高、陈×登、刘×东为组织者、领导者，以孔×熊等人为积极参与者，以刘×鹏等人为一般参与者的黑社会性质组织。该组织为了实现对刘村辖区内建筑工程特定业务的垄断，有组织地在刘村范围内实施了强迫交易、敲诈勒索等大量刑事犯罪活动，在当地造成了恶劣的社会影响，严重破坏了当地正常的经济生活秩序。

广州市荔湾区人民法院一审认为，刘×添、朱×高、陈×登、刘×东等人犯组织、领导、参加黑社会性质组织罪、强迫交易罪、敲诈勒索罪等罪，依法数罪并罚，其中决定对刘×添执行有期徒刑20年，剥夺政治权利4年，并处没收财产5020万元，罚金120万元；对陈×登决定执行有期徒刑20年，剥夺政治权利3年，并处没收财产3000万元，罚金98万元，对其余被告人分别判处有期徒刑19～20年不等，并处以3098元至1万元不等的财产刑。宣判后，刘×添等人提出上诉。广州市中级人民法院二审认为，原审判决认定的犯罪事实清楚，证据确实、充分，适用法律正确，审判程序合法，二审期间上诉人刘×成、刘×东出现新的量刑情节，故对两被告人的量刑作出部分改判，其他均维持原判。刘×添涉黑团伙案庭审现场见图14-1。

图14-1　"萝岗香雪网"微信公众号报道刘×添涉黑团伙案庭审现场

钟××作为涉案人员之一，2016年4月13日因涉嫌参加黑社会性质组织被广州市公安局刑事拘留，2016年5月20日经广州市人民检察院批准逮捕，同日被广州市公安局逮捕。其亲属委托刘峰律师作为钟××涉嫌黑社会性质组织罪一案侦查阶段、审查起诉阶段、一审、二审程序的辩护人为其辩护。钟××同时涉嫌强迫交易罪、敲诈勒索罪、寻衅滋事罪等罪名。该案涉案人数众多，证据材料繁杂，在当时引起了重大的社会影响，受到人民群众的广泛关注。

本案关于钟××的辩护重点在于通过辩护认定钟××不是涉案黑社会性质组织的组织者、领导者以及积极参与者，并认定钟××在黑社会性质组织中的次要、从属和辅助地位，并且辩护论证当事人存在积极退赔、取得被害人谅解等情形，请求法院对钟××从轻、减轻处罚，使钟××的判决罪责刑相适应，维护当事人的合法权益。一审法院判决被告人钟××犯参加黑社会性质组织罪，判处有期徒刑 5 年，并处罚金 20 万元；犯强迫交易罪，判处有期徒刑 1 年，并处罚金 5 万元；犯敲诈勒索罪，判处有期徒刑 5 年 3 个月，并处罚金 6 万元。决定执行有期徒刑 8 年 9 个月，并处罚金 31 万元。上诉后，二审法院维持原判。

二、案件意义

"村霸"刘×添等 54 人（含钟××）涉黑案受到党中央和省市地方党委政府的高度关注，在社会上引起了强烈反响，被国内媒体广泛关注报道（见图 14－2），是广州市中级人民法院发布的扫黑除恶十大典型案例之一（见图 14－3），入选全国"2018 年推动法治进程十大案件"。该案因被告人及辩护律师人数众多、案件复杂、影响重大，刷新了广州市两级法院审理的"涉黑"案件纪录。同时，作为农村基层干部涉黑案及涉黑"软暴力"案件的典型，打响了广东扫黑除恶斗争的第一枪。该案的审理有利于推动扫黑除恶事业的发展，有助于人民群众法治意识的增强和法治理念的提升，推动了法治进程的进一步发展，贯彻了中国特色社会主义法治理论。

图 14-2 《新快报》报道本案审理情况

图 14-3 "广东政法网"广州法院公布扫黑除恶十大典型案件

经办律师简介

　　刘峰律师，本科毕业于澳门科技大学法学院，研究生毕业于华南理工大学，获法律硕士学位。现为广东君信经纶君厚律师事务所合伙人、青年律师工作委员会副主任。专业领域涉及刑事辩护、民商事诉讼、公司法律事务、村居法律顾问等。刘峰律师对于公司制度建设与完善、增资扩股、企业常年法律顾问、村居法律顾问等民商事法律事务，具有丰富的谈判经验和实务处理技巧。从事刑事、民商事、仲裁与执行的诉讼法律事务，代理包括刑事诉讼、知识产权侵权、交通事故人身损害赔偿、合同纠纷、民间借贷、房屋买卖、房产产权纠纷、婚姻继承、劳动争议等诉讼案件，具有相关的庭审经验与技巧。

EB5 美国投资移民维权，投资者与移民中介公司之争

——侵权责任纠纷

一、案情简介

两原告（陈×与顾×）与被告广州×海外投资咨询服务有限公司（我方当事人）分别签订《美国投资移民服务合同》，约定被告为两原告提供美国投资移民服务。两原告经被告推荐选定并投资了美国的×度假酒店投资项目后，因美国项目方挪用投资款，导致两原告的投资移民申请被美国移民局驳回且投资款项无法收回。两原告遂认为被告存在欺诈及侵权行为，对被告提起侵权责任纠纷诉讼。两原告诉请赔偿包括移民服务费、美国投资款、美国项目管理费、美国律师费、申请费等各类费用共计7425247元。经法院审理查明，两原告的损失是因为两原告与美国项目方的投资法律关系中美国项目方违约所导致的，而被告在与两原告的服务合同法律关系中，被告已经依约合法履行完毕全部合同义务，不存在侵权行为，故此驳回了两原告的诉讼请求。

二、代理意见

首先，本案因服务合同引起的侵权纠纷仅是 EB5 庞大法律关

系中的一个非必要法律关系。EB5（职业类第 5 优先移民签证类别）是一个庞大的法律关系，不仅包括投资者与美国项目方的投资法律关系，还包括投资者与第三方机构（如律师事务所、会计师事务所、移民中介公司）建立的服务合同法律关系，所以，被告作为移民中介公司的服务内容，仅是在 EB5 法律关系群中，为各必要法律关系的法律主体传递消息，沟通交流，作为一个"传声筒"的角色。

其次，在本案服务法律关系中，被告已经遵守法定与约定义务，不需承担损害赔偿责任。被告的法定义务：提供信息介绍、法律咨询、沟通联系、境外安排、签证申办及相关服务的活动；被告的约定义务：仅对投资者提供美国移民签证的法律及政策咨询，指导投资者及时正确地准备有关文件材料，并向投资者报告申请进展情况；被告的经营范围：投资项目的信息咨询服务、为公民出国定居、探亲、访友、继承财产和其他非公务活动提供信息介绍、法律咨询、沟通联系、境外安排、签证申请及相关的服务。被告提供的证据，能证明被告已经依约依法完成了对两原告提供投资移民服务的约定及法定义务，不存在任何侵权行为。

再次，两原告损失的投资款及移民申请被拒，与本案非同一法律关系。一是两原告分别与美国项目方成立投资关系，而非与被告成立投资关系，故此，两原告的投资损失，不属于本案法律关系的审理范围。二是两原告作为投资行为唯一的受益者，同时具有完全民事行为能力，清楚知悉其投资款必须要处于风险当中才属于完成投资行为，即其应当为自己的投资风险负责。故此，两原告与美国项目方的纠纷，应当另案处理，非本案审理范围。

最后，对于两原告诉请的其他费用的损失，因被告不存在侵权情况，且被告处于为原告代收代付款项的地位，实际收款人或付款人都非被告，故两原告无权要求被告赔偿损失。

三、判决结果

1. 退还服务费并支付相应利息。
2. 驳回原告其余诉讼请求。

四、案例评析

本案的办结，不仅对从事美国投资移民的中介行业影响极大，还很好地帮助了投资者正确维权，达到双赢的目的。

首先，作为移民中介公司，若各个投资者在投资中失利，却让移民中介公司买单，则移民中介公司将无法生存。

其次，在办案过程中发现很多司法行业从业人员对 EB5 商业模式运作不了解，不能正确理顺其中的法律关系，导致其不能为投资者提供专业的法律意见，让投资者走上歪路，最终错失了正确维权的最佳时机。而在本案中，申请人不仅能很好地保护当事人（移民中介公司）的权益，还向相关司法行业从业人员概述性地普及了 EB5 法律知识，更重要的是让投资者明白了利益受损的根本原因，最终让移民中介公司和投资者重新团结起来，一致对抗美国项目方，走上正确的维权道路。

本案的胜诉获得美国投资移民行业的关注，取得了良好的社会效果。

五、结语和建议

EB5 美国投资移民诉讼业务在我国属于较为新型的业务类型。

首先，EB5 美国投资移民业务相对专业，不仅需要学习国内的相关移民法规，还要熟识美国移民政策，两者相结合才能弄明白 EB5 的商业运行模式。当前国内大多数司法行业从业人员因缺乏此背景知识的积累，往往在处理案子时会以偏概全，不能正确作出法律分析。

其次，即使是从事 EB5 美国投资移民业务的中国律师也大多是非诉律师，主要工作内容为配合美国律师审查投资者投资款的合法性来源，位置仅为 EB5 庞大机器中的一颗螺丝钉，对 EB5 所牵涉的法律关系未能进行宏观梳理，更未能结合当时的《中华人民共和国消费者权益保护法（2013 修正）》及《因私出入境中介活动管理办法》（已失效）等相关法律法规做深入研究，导致出现非诉与诉讼交替的短板。

在本案中，申请人有效结合非诉知识，运用诉讼技巧，将两者相结合，发挥出最大效力，不仅维护了当事人（移民中介公司），还能消解投资者对移民中介公司的敌意，团结一致对抗真正的侵权人。

因承办本案，李立、司徒琳达律师获广州市律师协会授予2018 年度"业务成果奖"（见图 15 - 1）。

图 15－1　本案经办律师获广州市律师协会授予 2018 年度"业务成果奖"

经办律师简介

李立律师，1998 年毕业于汕头大学法学院法学专业并取得法学学士学位。1998—2001 年任职于联美集团公司，负责集团公司法律部的各项工作。2002 年加盟具有"全国优秀律师事务所"称号的广东君信律师事务所，其后成为广东君信律师事务所的合伙人。2013 年加盟广东君厚律师事务所至今。2021 年，广东经纶律师事务所与广东君厚律师事务所合并成为"广东经纶君厚律师事务所"；2023 年，广东君信律师事务所与广东经纶君厚律师事务所合并成为"广东君信经纶君厚律师事务所"。李立律师现担任广东君信经纶君厚律师事务所管理委员会主任、高级合伙人。在公司法律、合同法律、劳动法律及外商投资法律方面具有丰富的经验，尤其擅长处理各类合同纠纷、劳动争议纠纷、侵权及不正当竞争等方面的诉讼工作以及企业投资并购、重大资产转让等非诉讼业务。

司徒琳达律师，香港中文大学法学硕士，现为广东君信经纶君厚律师事务所合伙人、青年律师工作委员会秘书长，广东珠江经济台智库律师、广东珠江经济台《珠江拍案》节目常驻律师嘉宾、广州市总工会法援律师、广州市荔湾区法律援助处法援律师、"战役律师在线"志愿者、"战役援企"法律服务团成员、"访百家园区助中小企业"暖企法律服务团成员、羊城律政佳人志愿者。从事律师行业至今已逾8年，工作语言为普通话、粤语、英语。

第一批精选层挂牌企业：永顺生物法律服务

——动物疫苗精选层挂牌第一股

2020 年初，全国中小企业股份转让系统精选层挂牌规则正式出台，广东君信律师事务所（现为"广东君信经纶君厚律师事务所"，以下简称"本所"）戴毅、姚亮、陈晓璇律师担任专项法律顾问的广东永顺生物制药股份有限公司（以下简称"永顺生物"，证券代码：839729）积极开展在全国中小企业股份转让系统公开发行股票并在精选层挂牌的准备工作。

永顺生物成立于 2002 年，深耕兽用生物制品领域，是一家集兽用生物制品研发、生产、销售、服务于一体的现代高新技术企业，是广东省重点农业龙头企业、广州市农业龙头企业、广州市清洁生产企业。永顺生物是猪瘟疫苗领域龙头，并为高致病性猪繁殖与呼吸综合征活疫苗和禽流感灭活疫苗领域的优势企业。

自 2019 年 10 月国务院和证监会启动全面深化新三板改革以来，本所律师一直密切关注全国股转系统发展动态并研究相关政策文件。对于此次永顺生物公开发行股票并在精选层挂牌项目，本所律师主要开展了以下四个方面的工作：

1. 参加了与本次公开发行并在精选层挂牌相关的历次协调会，就本次公开发行并在精选层挂牌涉及的法律问题与其他中介机构进行充分的探讨。

2. 积极研究精选层挂牌相关法律法规，参与了本次公开发行并在精选层挂牌方案的拟订，并根据法律、法规和规范性文件的规定提出了意见。

3. 了解永顺生物的历史沿革后，向永顺生物提交了本所律师出具相关法律文件所需文件的清单，并对永顺生物提交的文件进行必要的核查，同时对永顺生物的生产厂区进行了察看，确认永顺生物符合本次公开发行并在精选层挂牌的主体资格和实质条件。

4. 根据本次公开发行并在精选层挂牌的相关规定，对于出具《法律意见书》及《律师工作报告》至关重要的事实及问题，本所律师向有关政府主管部门、永顺生物及其关联方进行了必要的调查，并取得中华人民共和国农业农村部等有关政府主管部门、永顺生物及其关联方作出的答复、确认或证明，出具了补充法律意见书。

2020 年 6 月 20 日，永顺生物公开发行股票并在精选层挂牌经全国中小企业股份转让系统有限责任公司挂牌委员会审议通过。

2020 年 6 月 24 日，永顺生物公开发行股票并在精选层挂牌获中国证券监督管理委员会同意核准（证监许可〔2020〕1271 号）。

2020 年 7 月 27 日，永顺生物正式登陆精选层挂牌交易（见图 16 - 1），成为第一批精选层挂牌企业。永顺生物也是广州市唯一一家第一批精选层挂牌企业。本所为永顺生物公开发行股票并在精选层挂牌全程提供法律服务。

图 16 - 1　本项目经办律师参与项目挂牌仪式

　　精选层作为中国除上交所和深交所之外的公开发行股票市场，是中国证券投资市场发展的新举措。精选层是中小企业成长的市场，未来转板制度细则出台后，将以转板的方式源源不断地向上交所和深交所输送优秀的中小企业。

　　因承办本案，本所获广州市律师协会授予 2020 年度"业务成果奖"（见图 16 - 2）。

图 16 - 2　本所获广州市律师协会授予 2020 年度"业务成果奖"

经办律师简介

戴毅律师，2006 年开始执业，执业 18 年，现为广东君信经纶君厚律师事务所高级合伙人、广州市律师协会证券专业委员会委员、广州仲裁委员会仲裁员。在合同法、公司法、金融法、证券法、劳动法以及大型工程建设等领域积累了丰富的实务经验，尤其擅长于公司、证券、金融、风险投资方面的法律服务。

姚亮律师，2010 年开始执业，执业 14 年。现为广东君信经纶君厚律师事务所管理委员会委员、高级合伙人。擅长金融信托、证券发行上市、企业债券发行、境内投资并购、境内房地产项目收购、国有企业改制、公司治理结构规划、股权架构设计、股权纠纷处理。

陈晓璇律师，2013 年开始从事律师工作，现为广东君信经纶君厚律师事务所合伙人。在公司法、证券法等领域积累了丰富的实务经验，已为多家企业提供股改、上市、定增、并购、重组、发债、股权激励、法律尽职调查等方面的法律服务。

广州×集团承揽合同纠纷再审案

——因产品质量问题导致的合同可得利益损失如何确定

一、案情简介

水泥公司在与广州×集团、设计院的前案产品质量责任纠纷案中法院认定案涉产品存在质量问题并判决设计单位、制造单位支付修理费用的裁判文书生效后，继续对两被告提起诉讼，要求两被告承担因产品质量问题造成停产、减产的可得利益损失。经二审终审，二审法院根据鉴定结论判决广州×集团及设计院应向水泥公司赔偿可得利益损失合计1458万余元。

广东君信律师事务所（现为"广东君信经纶君厚律师事务所"，以下简称"本所"）接受广州×集团委托后，综合分析案件基本事实，一针见血指出本案存在"以鉴代审"及赔偿额远远超出被告方可预见的损失的意见。而本案从提起再审审查申请到执行回转，主要存在三个大的难点：一是前案生效判决认定案涉产品存在质量问题，本案有鉴定报告证明损失；二是虽然鉴定报告的鉴定意见不尽合理，但如何确定合理的损失数额，这同时也是双方的争议焦点；三是水泥公司在强制执行程序转让债权且已执行完毕，即便再审胜诉，在不清楚对方财产状况的情况下，如何执行回转才能让胜诉成果不至于成为一纸空文。

为解决以上三个难题，本所经办律师和广州×集团并肩作战三年之久，历经再审审查、再审、民事检察监督审查及执行回转四个程序，终于在 2020 年为广州 × 集团成功执行回转人民币共计 1044 万余元。

二、代理情况及案件结果

（一）再审审查程序：直指要害，提交专家意见，案件获广东高院提审

本所及时介入，经综合分析案件情况，认为虽发生产品质量问题，但水泥公司并未停产；根据水泥公司的生产数据，出现质量问题后只有一年的产量是下降的，其他年度的产量均是上升，鉴定机构不是根据产量下降作为鉴定依据，而是接受水泥公司的意见，以生产设备出现质量问题导致生产费用增加，而将整个公司各年度生产费用的增加额作为其损失。本所经办律师一针见血指出本案存在"以鉴代审"及赔偿额远超广州 × 集团可预见的范围（整个设备制造费约 500 万元）的严重错误，并指出"本案为承揽合同违约赔偿之诉，违约方的赔偿额是守约方因违约受到的实际损失。守约方主张的损失是生料磨机质量问题导致其减产、停产的可得利益损失。为此，法院在判断违约方是否需承担该违约责任时，存在两个层次的认定：首先应当认定守约方是否因违约方的违约而导致了可得利益损失；如果存在损失，还需进一步认定该可得利益损失的数额是多少，这个是一、二审判决未能正确认识的关键问题。"

同时，本所经办律师在再审审查程序中就鉴定报告存在问题向广东省高级人民法院（以下简称"广东高院"）提交专家意见。2018 年 6 月 28 日，广东高院召开听证会听取各方意见后，作出民事裁定书，认为广州 × 集团不服二审判决提起的再审申请

符合相关规定，并裁定该案由广东高院提审。

（二）再审程序：本所经办律师统筹各方技术人员，协助法官查明争议事实，再审获胜

考虑到"前案生效判决认定案涉产品存在质量问题，本案有鉴定报告证明损失"，而"鉴定报告的鉴定意见虽不尽合理，要证明产品质量出现后没有造成水泥公司损失，及如何确定合理的损失数额存争议"这两大难点，如无法解决，再审也难以取得好的结果。本所经办律师为此积极协调设计单位，希望设计单位能从产品寿命及案涉产品与整条生产线的关系提出有利的观点。

经对水泥行业历年产量情况的深入了解、对水泥公司在发生质量事故前后年度的产能及销售情况的详细梳理，以及对案件情况的全面分析，本所经办律师在再审程序中与设计单位通力合作，针对一、二审判决据以裁判的鉴定报告存在的疑点进行详尽分析，指出一、二审判决据以判决的关键证据《资产评估报告书》附件《评估说明书》记载的"守约方在案涉生料磨机发生质量问题后的年度产量逐年增加"这一关键事实。更出乎意料的是，设计单位召集原设计人员重新梳理设计方案及产品指标，发现案涉产品是按照产能的70%去配套整个生产线的，即出现质量问题，只要能保证输出70%的产能，整天生产线的设计产能也是可以实现的。为此重新组织证据，广东高院要求鉴定机构的经办人到庭接受质询。鉴定机构人员面对质疑时，不得不承认鉴定结论是基于一系列的假设得出的结果，假设是否成立需由法庭判断。本所经办律师联合设计单位请求法庭允许整个生产线的设计师出庭就生产线及构成各生产线的设备的产量关系发表意见，协助经办法官查明案件争议事实、判断争议各方在产品存在质量问题的情况下的实际损失。

最终，广东高院采信本所经办律师提出的主张，认定水泥公司并未因生产线中的生料磨机产品之类问题而发生整条生产线停产、减产的事实，因产品质量问题所受停产损失仅支持前述产品质量责任纠纷案期间因进行产品质量鉴定停工期间的经营损失。

2019 年 10 月 14 日，广东高院作出民事判决书，撤销本案一、二审判决，改判广州×集团仅需赔偿水泥公司停产损失 12483.77 元，设计院仅需赔偿水泥公司停产损失 5350.18 元。相较于较一、二审判决的判决结果，本所经办律师在再审程序中为广州×集团减轻了 1030 万余元的赔偿责任。

（三）民事检察监督程序：再下一城，连战连胜

2020 年 1 月 2 日，广州×集团收到广东省人民检察院发来通知，告知决定受理水泥公司对再审民事判决书提出的民事检察监督申请。本所接到材料后，积极就水泥公司提交的申请监督书发表意见，与经办检察官充分沟通案件情况。广东省人民检察院于 2020 年 4 月 3 日作出《不支持监督申请决定书》。

（四）执行回转程序：执行虽难，全额回款终不负所望

2019 年 11 月 21 日，本所代理广州×集团向×市人民法院提起执行回转申请。该程序中，除执行法院可能对当地企业有倾向保护这一现实问题需要考虑外，在水泥公司已将债权人变更为×公司且执行款已划扣至×公司这一实际情况下如何列被执行人，也是值得考究的问题。

为全方位保障当事人的合法权益，本所经办律师实地走访考察发现，水泥公司厂区占地 2～3 平方千米，而×公司为新设企

业，偿债能力难以判断。鉴于此，在提交执行回转申请时，本所依法将水泥公司及×公司均列为被执行人，并及时敦促执行法院申请查封被执行人的关键财产。经各方博弈，在×公司分期将全部执行款付至法院账户后，广州×集团同意仅列×公司为执行回转程序的被执行人。

2020年9月22日，执行法院出具结案通知书，通知执行到位的属于广州×集团的款项金额为1044万余元。

三、案例评析

因产品存在质量问题引起的合同可得利益损失赔偿诉讼中，可得利益损失的确定是难题。该难题之所以难，难在其并非单纯的法律问题。

可得利益仅仅是当事人在付出劳动、正常经营情况下可能获得的收入，可以作为判决赔偿的参考依据。根据相关规定，可得利益损失不得超过违反合同一方订立合同时预见到或者应当预见到的因违反合同可能造成的损失。那么，法院在判决确定可得利益损失数额的时候，就应当综合考虑合同金额、合同履行情况，按照公平原则个案确定。这需要裁判者对个案实际情况和事实有本质的了解。

因此，代理广州×集团该案过程中，本所经办律师除仔细研究案情外，更是对案涉水泥行业尤其是其涉案期间历年产量情况进行全面了解，对水泥公司在发生质量事故前后年度的产能及销售情况进行详细的调查和梳理。同时，积极统筹各方技术人员整理分析案涉产品的相关情况，协调各方专家出席听证会，协助法官全面了解案件事实，为法官查明案情、正确适用法律提供了坚实的基础和支持。

因承办本案，本所获广州市律师协会授予2020年度"业务成果奖"（见图 17 – 1）。

图 17 – 1　本所获广州市律师协会授予 2020 年度"业务成果奖"

经办律师简介

李伟年律师，毕业于中山大学，涉外经济法专业硕士研究生。2000 年开始律师执业，执业 24 年。现为广东省律师协会国有资产专业委员会委员、广东省破产管理人协会下设破产清算专业委员会副主任、广州市律师协会国有资产专业委员会副主任。2021—2023 年获聘为最高人民检察院"民事行政检察专家咨询网"专家。在政府部门法律顾问、基础设施建设、房地产开发、物业管理、招投标、商业物业租赁、公司并购重组、破产清算等领域积累了丰富的实践经验。

谈凌律师，毕业于华东政法学院国际经济法专业，1993 年开始执业，1994 年加入原广东君信律师事务所。现为广东君信经纶君厚律师事务所高级合伙人。广州市第十五届、十六届人大代表，第十届中华全国律师协会破产清算与并购重组法律专业委员会副主任，广东省律师协会破产与清算法律专业委员会主任，广东省破产管理人协会对外交流工作委员会主任，广州市律协营商环境研究院副院长、理事。执业 31 年，具有扎实的理论功底和丰富的实践经验，擅长处理公司法、破产法、基础工程建设领域的各类法律业务。

方洵莹律师，毕业于西南政法大学，获诉讼法学硕士学位（民事诉讼法学方向）。现为广东君信经纶君厚律师事务所合伙人。专注于合同法、破产清算、建设工程、股权纠纷、劳动法等民商事法律领域法律业务的研习，积累和吸收了丰富的执业经验，熟悉企业对法律服务的需求。

基金会诉交通运输局等单位
环境污染预防性民事公益诉讼案

一、案情简介

上诉人基金会因起诉交通运输局、航道事务中心、规划设计院、海洋研究所、第三人生态环境局环境污染预防性民事公益诉讼一案，不服广州海事法院于 2020 年 6 月 10 日作出的不予受理的民事裁定（以下简称"一审裁定"），向广东省高级人民法院提起上诉。广东省高级人民法院依法组成合议庭对本案进行了审理。

二、裁判结果

2020 年 9 月 18 日，广东省高级人民法院《民事裁定书》认为：本案基金会据以起诉的事实与理由是即将开工的深圳湾航道疏浚工程会对鸟类及其栖息地造成生态破坏。该工程项目位于内水与沿海陆域，不仅可能会影响海洋生态环境，也可能影响陆地生态环境。基金会作为从事环境保护的社会公益组织提起本案环境污染责任纠纷的民事公益诉讼，符合《中华人民共和国环境保护法》第五十八条的规定，依法应予以受理。一审法院认定本案为海洋自然资源与生态环境损害赔偿纠纷，并根据《中华人民共和国海洋环境保护法》第八十九条第二款"对破坏海洋生态、海洋水产资源、海洋保护区，给国家造成重大损失的，由依照本法规定行使海洋环境监督管理权的部门代表国家对责任者提出损害赔偿要求。"之规定裁定基金会不是依照该法规定具有行使海洋环境监督管理权的部门，不具有该类案件公益诉讼的主体资格，属于确定案由及初步审查事实有误，应予以纠正。基金会的上诉请求成立，应予以采纳。依照《中华人民共和国民事诉讼法》第一百七十一条、《最高人民法院关于适用〈中华人民共和国民事诉讼法〉的解释》第三百三十二条规定，裁定如下：一、撤销广州海事法院民事裁定；二、本案指令广州海事法院立案受理。

三、案件意义

深圳湾是个内湾，如同广东省的一颗心脏，其周边有福田红树林生态公园、米埔自然保护区、拉萨姆尔国际重要湿地、香港湿地公园等一系列生态关键区，在其西南方向又临接珠江口中华白海豚自然保护区，肩负着向深圳、香港两地源源不断输送绿色资源的重任，在粤港澳大湾区建设中具有重大的战略意义。而深圳湾疏浚工程存在重大的生态环境风险。一是该项目航线设计位于深圳市福田区深圳湾，且穿越广东省海洋生态红线区域，即深圳湾重要滨海湿地限制类红线区（编号166）和幼鱼、幼虾保护区，并且临近深圳湾红树林限制类红线区（编号164）等多个自然保护区。二是上述区域都是大量候鸟的栖息地，该项目工程建设和运营势必破坏候鸟栖息地，造成候鸟无法正常栖息、繁殖，会驱使候鸟离开深圳湾。且航道疏浚所带来的悬浮物会损害鱼类鳃部的滤水和呼吸功能，从而造成其窒息死亡。三是深圳是一个经常遭台风侵袭的城市。而红树林、滨海湿地等看起来"没用"的地方，正是一个城市应对极端天气灾害的重要的缓冲屏障。

本案中的深圳湾航道疏浚工程打着航道疏浚之名，其实为

"海上看深圳"的商业游船赚钱项目，完全背离了中共中央、国务院《关于支持深圳建设中国特色社会主义先行示范区的意见》和《粤港澳大湾区发展规划纲要》关于严守生态红线、保护自然岸线、构建生态廊道和生物多样性保护的要求。如果放任上述航道疏浚工程，无疑会对该区域滨海湿地、水质、鸟鱼栖息、红树林保护和人居生活造成严重损害，甚至将会在深圳演变成一场生态灾难。

2020 年 4 月 18 日，中央电视台《东方时空》栏目就"深圳湾环评报告涉嫌抄袭事件"进行了专题报道（见图 18 - 1）。2020 年 4 月 27 日，基金会向广州海事法院提交诉讼材料，以防止该工程对生态环境造成巨大的破坏，提起预防性环境公益诉讼，致使该工程建设项目停止，并启动了问责和调查机制。据中华人民共和国生态环境部（以下简称"生态环境部"）于 2020 年 8 月 28 日举行的例行新闻发布会介绍，2020 年 3 月，《深圳湾航道疏浚工作（一期）环境影响报告书（送审稿）》在公示阶段被公众发现抄袭行为，存在基础资料明显不实、内容虚假等严重质量问题。生态环境部立即责成地方生态环境部门依法严肃查处，生态环境局也于 2020 年 5 月完成行政处罚程序并在官网公开，对建设单位交通运输局、航道事务中心分别处以罚款 100 万元和 200 万元；对环评文件编制单位海洋研究所按环评编制收费的 5 倍处以顶格罚款，共计 320 万元，并处以失信记分 15 分；对编制主持人兼主要编制人员处以 5 年内禁止从事环评文件编制工作的处罚，同时处以失信记分 20 分。（见图 18 - 2）

环保工作关乎环境健康和社会公益，更关系民众的切身利益，只有给予社会组织、志愿者、社会公众更多的司法救济途径，才能够实现经济发展和生态平衡的有机结合，让司法最终为高质量发展和建设美丽中国保驾护航。

本案是我国社会组织提起海洋环境保护和预防性诉讼的经典

案例。

图 18 –1　2020 年 4 月 18 日央视新闻报道

图 18 –2　生态环境部于 2020 年 8 月 28 日举行的例行新闻发布会，介绍"深圳湾环评报告涉嫌抄袭事件"

经办律师简介

宋立律师，河南大学法学院本科毕业，1997 年 3 月至今为广东经纶律师事务所（现为"广东君信经纶君厚律师事务所"）专职律师、合伙人。曾获第一届广州律师辩论赛优秀辩手、2014 年广州市律师协会"业务成果奖"，所办案件入选 2017 年最高人民法院公布十大环境案例。广州城市可持续发展研究会副理事长、广州市律师协会参政议政委员会委员、广东省律师协会职务犯罪辩护专业委员会委员、广东省精神文明学会常务理事兼副秘书长、中山大学附属第一医院临床科研和实验动物伦理委员会委员、中山大学地球环境与地球资源研究中心兼职研究员、中山大学法学实验教学中心兼职研究员、九三学社广东省委员会社会与法制委员会副主任、九三学社中央委员会法律专门委员会委员。

金×诉肿瘤医院返还
手术切除的组织器官纠纷案

一、案情简介

金×因患子宫内膜癌在医院进行了腹腔镜下全宫双附件切除术，金×在术前术后均要求医院归还其手术中切除的子宫及附件，遭到拒绝，引起本案纠纷。案件的争议焦点：一是金×对系争子宫及附件是否享有物的所有权；二是金×请求医方予以返还，是否符合我国现行法律、行政法规的规定。

二、法院审理及判决结果

一审法院经审理认为：我国现行法律并没有对患者在手术诊疗中被切除的人体组织、器官的归属作出明文规定。因此，根据民法原理，任何脱离人体的器官、组织等都成为与人的身体相独立的客体，具有物的一般属性。金×在手术诊疗中被切除的子宫及附件是金×身体的组成部分，脱离了金×的身体就变成了独立的物，该物的所有权由金×原始取得，金×具有处分权和支配权。但该处分权和支配权并不是完全的所有权的处分权和支配权，应受公序良俗等因素限制。参照《医疗废物管理条例》，医疗废物是指医疗卫生机构在医疗、预防、保健以及其他相关活动中产生的具有直接或者间接感染性、毒性以及其他危害性的废物。现金×未能提供证据证明涉案器官不具有直接或者间接感染性、毒性以及其他危害性，金×请求肿瘤医院返还在手术中被切除的子宫及附件违反公序良俗，不予支持。一审驳回金×全部诉讼请求。

金×提起上诉，二审人民法院经审理认为：金×以对系争子宫及附件享有所有权而请求医方予以返还，不符合我国现行法律、行政法规的规定，对其上诉请求不予支持。一审判决认定事实清楚，处理结果并无不当，予以维持。二审人民法院驳回上诉，维持原判。

金×向广东省高院申请再审，广东省高院经审查认为：手术切除的组织、器官属于医疗废物，应由医疗机构集中处置，裁定驳回金×的再审申请。

金×向广州市人民检察院申请监督，广州市人民检察院向医院及广东经纶律师事务所（现为"广东君信经纶君厚律师事务所"，以下简称"本所"）律师调查询问后，认为：法院判决并无不当，作出不支持监督申请决定书。

三、媒体报道及案件影响

本案引起了"环京津新闻网"等媒体的关注。本案判决结果对后续类似案件有重要意义。广州市越秀区人民法院公布 2020 年案例被国家级、省级采用情况，本案被列为国家级采用案例。

四、办案心得

本案为返还原物纠纷，但争议的标的物为术后被切除的器官或组织能否成为一般意义上的物权客体以及能否认为其属于物从而由患者享有所有权，法律并无明确规定。本案历经一审、二审、再审审查、审判监督四个司法程序，最终定纷止争，对类案具有借鉴和参考意义，具体如下：

人体器官或组织属于自然人身体组成部分，是人格的载体，未与人体分离前，不得成为权利客体。已与人体分离的人体器官或组织，能否成为物进而成为物权客体，学说与判例见解不乏争议，学说有称之为"特殊物""伦理物"。通说认为，"自然人的器官、血液、骨髓、组织、精子、卵子等，以不违背公共秩序与善良风俗为限，可以作为物"。可见，基于公共秩序与善良风俗的考虑，学说上也未将与人体分离之人体器官或组织一概视为物权客体。由此，基于物权法定原则，依据我国现行立法并参考学说见解，尚不能从我国现行法律规定中得出患者对案涉经手术切除的组织器官享有物权的推论，经手术切除的器官或组织，能否认为属于物而由患者享有所有权从而请求医疗机构返还，应考察国家法令对此是否有特殊规定。如有特殊规定，即应从其规定。

2003年《卫生部①、国家环保总局关于印发〈医疗废物分类目录〉的通知》（卫医发〔2003〕287号）（已失效）明确将"诊疗过程中产生的人体废弃物和医学实验动物尸体等（其中包括：①手术及其他诊疗过程中产生的废弃的人体组织、器官等；②医学实验动物的组织、尸体；③病理切片后废弃的人体组织、病理腊块等）"归类为"医疗废物"中的"病理性废物"，因此，手术过程中摘除的人体器官或组织等属于医疗废物。我国现行《医疗废物管理条例》以及《医疗卫生机构医疗废物管理办法》中均对医疗废物的收集、运送、贮存、处置以及监督管理等活动作出了明确规定，医疗机构应按照上述相关法律规定对术中产生的器官或组织等医疗废物交由医疗废物集中处置单位处置。

对脱离人体的组织或器官进行民法保护既要考虑到医疗事业

---

① "卫生部"现为"国家卫生健康委员会"。

的平衡发展，又要考虑到患者个人的合理需求，更应当以遵守公共秩序及善良风俗为前提。

本案具有特殊性，引起了社会的广泛讨论，"环京津新闻网"在 2019 年 11 月对本案进行了报道（见图 19 - 1）。

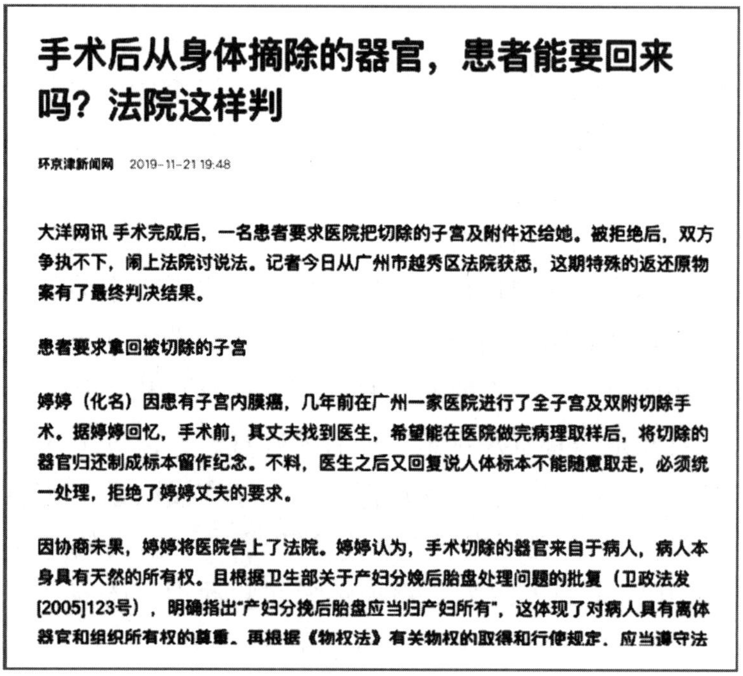

手术后从身体摘除的器官，患者能要回来吗？法院这样判

环京津新闻网　2019 - 11 - 21 19:48

大洋网讯 手术完成后，一名患者要求医院把切除的子宫及附件还给她。被拒绝后，双方争执不下，闹上法院讨说法。记者今日从广州市越秀区法院获悉，这期特殊的返还原物案有了最终判决结果。

患者要求拿回被切除的子宫

婷婷（化名）因患有子宫内膜癌，几年前在广州一家医院进行了全子宫及双附件切除手术。据婷婷回忆，手术前，其丈夫找到医生，希望能在医院做完病理取样后，将切除的器官归还制成标本留作纪念。不料，医生之后又回复说人体标本不能随意取走，必须统一处理，拒绝了婷婷丈夫的要求。

因协商未果，婷婷将医院告上了法院。婷婷认为，手术切除的器官来自于病人，病人本身具有天然的所有权。且根据卫生部关于产妇分娩后胎盘处理问题的批复（卫政法发[2005]123号），明确指出"产妇分娩后胎盘应当归产妇所有"，这体现了对病人具有离体器官和组织所有权的尊重。再根据《物权法》有关物权的取得和行使规定，应当遵守法

图 19 - 1　"环京津新闻网"报道对本案的报道

▍经办律师简介

符忠律师，现为广东君信经纶君厚律师事务所高级合伙人，1993 年毕业于中山医科大学（现为"中山大学"），获医学学士学位，其后获中南政法大学法学学士学位，具备跨学科、复合型知识。成为执业律师后，担任中山大学附属第一医院、中山大学附属肿瘤医院、南方医院、广东省中医院、南医三院等多家医院的

法律顾问，在医疗纠纷及企业服务领域有较好的理论水平和丰富的实践经验，能从医院、企业、审判等角度多层次综合分析案件。

张立勇律师，医学硕士，毕业于中山大学中山医学院。现为广东君信经纶君厚律师事务所专职律师。执业以来专职从事医事法律服务，为中山大学附属肿瘤医院、广东省中医院、南医三院等广州市多家三甲综合医院提供医疗事务法律服务。

电业集团涉及并购资金 200 亿元的
电网资产重组项目法律服务

电网公司拟重组农×集团下属电业集团的电网资产。双方达成如下资产重组方案：由电网公司以"承债式"方式收购电业集团的供电资产（以下简称"本项目"）。但上述方案存在难点问题：以"承债式"方式收购资产是否要在接收资产范围内对债务承担连带责任？是否存在选择性偿债的问题？

2019 年，广东君厚律师事务所（现为"广东君信经纶君厚律师事务所"，以下简称"本所"）接受电网公司的委托为上述项目提供专项法律服务。根据本所律师检索相关司法判例的结果，国有企业处置重大资产及转移债务时，对《最高人民法院关于审理与企业改制相关民事纠纷案件若干问题的规定》第六条、第七条的适用，本所律师确定了如下标准：

1. 承债式受让相关项目资产，不能认定新公司承担原企业的所有债权债务，承接相关项目资产的新公司不承担在合同约定范围以外的债务。法院限定《最高人民法院关于审理与企业改制相关民事纠纷案件若干问题的规定》仅适用于企业产权制度改造中发生的民事纠纷案件，而不适用于项目资产转让。

2. 适用《最高人民法院关于审理与企业改制相关民事纠纷案件若干问题的规定》第六条，新公司需要在承接财产的范围内承担相应责任的前提是，原企业出现"无力偿还债务"的情形。

3. 原企业在负债期间，将其持有的下属公司股权进行转让并取得出让对价的情形，不适用《最高人民法院关于审理与企业改制相关民事纠纷案件若干问题的规定》第六条、第七条的规定，被出让股权的企业不承担相应的责任。

4. 对于承债式资产重组，收购方需要承担连带责任的一般存在如下情形：改制时将资产和负债转移到新公司，资产和债务对冲基本为零或者资产明显大于负债，没有支付合理对价，且没有证据证明已经偿还承接的债务；故意转移财产，名义上资产转移，实质上把资产投入到新公司，掏空改制企业，剩下的公司就是空壳，不能经营，明显损害债权人的利益。上述情形符合《最高人民法院关于审理与企业改制相关民事纠纷案件若干问题的规定》第六条的规定。

最终，电网公司与农×集团于 2019 年 8 月设立新电力公司。2020 年 9 月，新电力公司顺利完成对重组资产的接管工作。

因本项目涉及并购资金 200 亿元，体量巨大，本项目的实施引起媒体广泛关注（见图 20 - 1、图 20 - 2）。

图 20 - 1 《人民日报》（2020 年 9 月 8 日 11 版）对本项目的报道

图 20 -2　《中国经济报》对本项目的报道

经办律师简介

刘静律师，2004 年取得中国律师执业资格，执业 19 年，现为广东君信经纶君厚律师事务所管理委员会委员、高级合伙人，其理论功底深厚，执业经验丰富，承担过大量电力企业法律服务业务。2017 年至今一直担任中国南方电网有限责任公司的常年法律顾问，2013—2017 年、2021 年至今担任广东电网有限责任公司的常年法律顾问，2018 年起担任广州供电局常年法律顾问，

2020 年起担任南方电网数字研究院有限责任公司的常年法律顾问。擅长处理电力法、公司法、房地产、招投标、合同、劳动纠纷等方面的诉讼业务及国企改制、公司并购、收购、资产重组等非诉业务和重大疑难诉讼案件。

薄文君律师，暨南大学法学硕士。执业 16 年，现为广东君信经纶君厚律师事务所高级合伙人、青年律师工作委员会主任。2016—2019 年度广州市十大优秀青年律师。担任广州市广大法学研究会副会长、广东省法学会企业合规研究会理事、广东省律师协会合规与风险控制委员会委员、广州市律师协会青年律师工作委员会副主任、合规与内控专业委员会委员，中央电视台社会与法频道《法律讲堂》栏目主讲人、广州广播电视台法治频道法律顾问、《说法》栏目嘉宾、广东珠江经济电台《珠江一线》《黄缨热线》等栏目特邀嘉宾。广州市律师协会优秀专业委员会、工作委员会委员，获得广州市律师协会"2022 年广州律师业务技能优质课评选大赛"授予的"优质课"和"优秀讲师"称号，获得广州市律师协会"业务成果奖""2021 年法律产品设计大赛"二等奖，广州市司法局颁发的 CCTV - 12 频道《法律讲堂》主讲人选拔活动三等奖。

劳技学校土地租赁合同纠纷案

本案原告是村委会，被告是教育局。原告与被告于 1997 年 10 月 28 日签订《合同书》，约定：一、教育局承包村委会的山地兴建教育学农基地，村委会提供 40 亩山地给教育局承包，每亩承包款为 3 万元，承包与使用期为 50 年，从 1997 年 11 月 1 日至 2047 年 10 月 31 日止，合计总承包款 120 万元；二、教育局承包莲塘山南侧的鱼塘约 22 亩，每年承包款 37400 元，使用期 50 年，具体使用时限与合同第一条款所列时限相同；三、教育局承包鱼塘南侧菜田 20 亩，每年每亩承包款 1700 元，每五年递增 10%，菜田使用期 50 年，具体使用时限与合同第一条款所列时限相同，等等。1999 年 3 月 28 日，双方签订《补充合同》，约定考虑到教育局在前期工程中已付大量资金，村委会愿意给予教育局 40.95 万元用作补偿，补偿办法是村委会在教育局承包的山地紧邻再划拨山地 13 亩给教育局，并以每亩 3 万元的标准计算，给被告使用 50 年。13 亩山地的承包款共计 39 万元，另以每亩补偿给村委会青苗补偿费 1500 元计算，13 亩山地合计款 1.95 万元，与村委会给予教育局的补偿额度 40.95 万元相冲抵。13 亩山地的使用时限为 50 年，使用要求等一切事宜，均与《合同书》所列的山地承包条件相同，等等。

1999 年 3 月 30 日，《合同书》由村委会上级行政机关镇农村承包合同管理办公室鉴证，并得到了"经审查，发包方村委与承包方教育局签订的《合同书》承包合同，内容合法，双方代表人身份、签名、盖章均属实，予以鉴证。"的鉴证意见。

原告于 2020 年 4 月基于上述《合同书》在人民法院起诉被告，请求判令：①原告与被告签订的《合同书》超过 2017 年 11 月 1 日的部分无效、《补充合同》超过 2019 年 3 月 28 日的部分无效；②解除原告与被告签订的《合同书》《补充合同》；③被告向原告返还土地；④本案诉讼费用由被告承担。

一审裁定：原告请求确认《合同书》《补充合同》部分无效并主张解除合同、返还土地，然被告就其建设的厂房及运动场无提供相应的报建手续，涉案土地上建筑物的合法性未经行政机关审批确定登记，根据《广东省高级人民法院关于审理农村集体土地出让、转让、出租用于非农业建设纠纷案件若干问题的指导意见》第一条的规定，原告提出的权利主张，须先由行政主管机关依法处理后，法院方可就当事人之间的民事争议进行处理，在此之前，双方的民事关系缺乏处理的前提，本院对原告诉请暂不予处理，依法予以驳回。

广东君信经纶君厚律师事务所（以下简称"本所"）高级合伙人黄勇律师作为本案被告教育局的诉讼代理人，在法律容许的前提下，以实现教育局在本案中的利益最大化为工作目标：即维持合同不变，双方继续履行合同。所以代理工作围绕如何从情、法、理三方面，说服法官支持教育局的主张开展。对教育局来说，最好的诉讼结果是判决认定合同有效，驳回村委会的诉讼请求。次之是驳回村委会的起诉，一定程度上实现定纷止争，维持现有利益。

本所律师首先从案涉土地使用的公益性、涉及的国家利益和公共利益，以及法律对诚实信用原则价值选择等方面收集证据、说理。其次，也充分考虑法官可能顾及案件涉及"三农"问题，且利益重大，社会影响大，不希望直接承担驳回诉讼请求判决后果的影响，所以同时提供了驳回村委会起诉的理由供法官选择。最后法院以行政处理前置为由，驳回了村委会的诉讼，也印证了

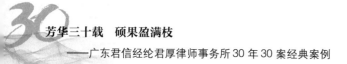
本所律师初期的判断。

本所律师在论述案由选择和不存在非农建设方面存在一定困难，毕竟案涉土地涉及基本农田的使用红线问题，被告为开展教学活动，建设的教学楼、宿舍和食堂等建筑占用了部分农田，且因历史原因相关建筑并没有办理相关手续。作为本案被告的代理人，围绕答辩目的，合理解读合同签署时的法律规定，分析现行法律法规实施的立法目的，论证土地承包合同属性的合法性，同时突出强调本案涉及重大的公共利益，维持超过 20 年租期效力的重大意义，最终说服法官认可不宜认定该合同租期无效。虽然本案以驳回原告起诉为结果，并没有解决案件实体问题，但是本所律师的代理思路仍然可以为全国范围内类似案件的处理提供借鉴和参考。

经办律师简介

黄勇律师，华中师范大学理学学士，中山大学法律硕士。广东君信经纶君厚律师事务所高级合伙人，黄埔分所主任，互联网及高新技术法律业务委员会主任。广州市荔湾区第六、七批中小学兼职法治副校长、广东省中立法律服务社专家组成员、广州互联网法院调解员、广州市白云区不动产服务协会专家组成员、广州市律师协会第九届实习考核委员会委员、广州市律师协会第九届对外交流工作委员会委员、广州市律师协会第八、九届财税专业委员会委员、农工党广州市委员会法律支部委员。

珠海公司与深圳公司、
何×侵害集成电路布图设计专有权纠纷案
及"图像传感器 CS3825C"集成电路布图
设计（芯片设计）专有权撤销程序案

一、案情简介

2018 年 1 月 10 日，经国家知识产权局公告，珠海公司（以下简称"原告"）为"图像传感器 CS3825C"集成电路布图设计（以下简称"涉案布图设计"）的专有权人，登记号为 BS. 175539928。2018 年 6 月，原告经调查发现深圳公司（以下简称"被告一"）未经许可擅自复制涉案布图设计，并为商业目的生产销售含有涉案布图设计的鼠标芯片（型号：X8733）。2019 年 3 月，原告向深圳市中级人民法院提起诉讼（以下简称"诉讼案"），要求被告一停止侵权、赔偿损失。2020 年 1 月 15 日，深圳市中级人民法院支持了原告的全部诉请，被告一提起上诉。2021 年 6 月 2 日，最高人民法院作出终审判决，驳回上诉、维持原判。

2020 年 5 月 19 日，深圳公司（以下简称"申请人"，为"诉讼案"的"被告一"）针对珠海公司（以下简称"被申请人"，为"诉讼案"的"原告"）涉案布图设计专有权向国家知识产权局提交撤销意见书，以涉案布图设计不具有独创性及涉案布图设计首次商业利用后超过两年才登记为由，请求撤销涉案布图设计专有权（以下简称"撤销案"）。2021年12月9日，国家知识产权局作出决定，维持涉案布图设计专有权有效。申请人未向北京知识产权法院起诉，该决定已生效。

二、案件意义

"诉讼案"和"撤销案"涉及布图设计独创性的声明、独创性的认定机关及独创性的认定三个问题，对这三个问题的处理，最高人民法院确立了由国家知识产权局认定布图设计独创性的原则，国家知识产权局确立了独创性声明可采性的原则及独创性比对规则，本案因此具有示范性、典型性、开创性，为将来类似案件的审理指明了方向。

"诉讼案"入选广东省知识产权保护协会"2021年度广东知识产权保护典型案例"（见图22－1）和广东省知识经济发展促进会、广州市律师协会"2021年度岭南知识产权诉讼优秀案例"（见图22－2），李治国、黄胜友律师获广州市律师协会授予2021年度"业务成果奖"（见图22－3）。

图22－1　"诉讼案"入选广东省知识产权保护协会"2021年度广东知识产权保护典型案例"

图 22 - 2　"诉讼案"入选广东省知识经济发展促进会、广州市律师协会
"2021 年度岭南知识产权诉讼优秀案例"

图 22 - 3　"诉讼案"经办律师获广州市律师协会授予 2021 年度"业务成果奖"

图22-4 "撤销案"入选国家知识产权局2021年度专利复审无效十大案件

"撤销案"入选国家知识产权局"2021年度专利复审无效十大案件"（见图22-4）。

经办律师简介

李治国律师，美国伊利诺伊理工大学法学硕士，广东君信经纶君厚律师事务所高级合伙人、知识产权法律专业委员会主任。现任广东省律师协会涉外知识产权及信息安全法律委员会副主任、广州市律师协会版权法律专业委员会副主任、武汉大学法学院法律硕士专业学位研究生校外兼职导师，先后被认定为中华全国律师协会涉外律师领军人才、第一届全国博士后创新创业大赛全国总决赛评审专家、广东省涉外知识产权律师、广东省知识产权局知识产权专家等。代理的知识产权案件或产品曾荣获"广东省高院广东服务创新驱动发展十大典型案例""广东十大涉外知识产权案例奖""广州法院知识产权民事行政十大典型案例奖"
"广州知识产权法院服务和保障科技创新十大典型案例奖""广
东省律师协会涉外案例二等奖""国家知识产权局 2021 年度专利
复审无效十大案件"等众多奖项。多次受邀为政府机关、事业单
位、社会团体、公司企业做知识产权法律实务讲座或发表知识产
权专题演讲。

黄胜友律师，西南政法大学法学硕士，广东君信经纶君厚律
师事务所合伙人、知识产权法律专业委员会副主任。国家版权贸
易基地（越秀）维权专家、国家商标品牌创新创业（广州）基
地维权专家、广东省西南政法大学校友会理事、广州市湖南郴州
商会理事。业务领域主要为知识产权、民商事诉讼。代理案件获
选过国家知识产权局年度"专利复审无效十大典型案件"、广州
市律师协会年度"业务成果奖"、广东知识产权保护协会年度
"知识产权典型案例"、广东省知识产权发展促进会、广州市律师
协会年度"知识产权诉讼优秀案例"。

"中瑞通"首批上市！
助力格林美成功在瑞士证券交易所上市

2022 年，广东君信律师事务所（现为"广东君信经纶君厚律师事务所"，以下简称"本所"）证券业务团队积极开拓证券发行业务，并取得了亮眼的成绩。其中，本所律师经办的格林美股份有限公司（以下简称"格林美"）发行 GDR 并在瑞士证券交易所上市项目（以下简称"本次发行上市"）具有重大意义。

一、项目简介

格林美成立于 2001 年，于 2010 年在深圳证券交易所上市。格林美深耕新能源行业与废弃资源综合利用行业 20 多年，是世界硬质合金材料产业链与新能源材料产业链的头部企业，是世界领先的新能源材料与城市矿山开采企业。

作为"资源有限、循环无限"产业理念的提出者与中国城市矿山开采的先行者，20 余年来，格林美先后突破了废旧电池、电子废弃物、报废汽车、镍钴钨稀有金属废物、动力电池循环利用、动力电池材料三元"核"制造等关键技术，在世界废物再生行业与新能源材料行业处于领军地位，成为践行绿色低碳发展的世界先进企业代表。目前，格林美年回收的电子废弃物占中国报废总量的 10% 以上；年回收的钴资源超过中国原钴开采量的 200%，占全球钴资源回收量的 20%；年回收的镍资源占中国原镍开采量的 8%；年回收处理的废旧电池约占中国报废总量的

10%。格林美将废物变成高质量产品打进国际头部市场链，全球50%的硬质合金工具产品使用了格林美制造的超细钴粉，全球15%以上的三元电池新能源汽车装载着格林美制造的三元前驱体"芯"材。

2022年初，中国证券监督管理委员会及深圳证券交易所正式发布《境内外证券交易所互联互通存托凭证业务监管规定》及互联互通存托凭证配套业务规则，格林美积极开展本次发行上市的准备工作。本所于2022年4月受格林美委托，担任格林美本次发行上市项目的境内法律顾问，指派戴毅、陈晓璇、周佳律师等组成法律服务项目组，为格林美提供专项法律服务。

2022年7月28日21：00（瑞士苏黎世当地时间7月28日15：00），格林美GDR于瑞士证券交易所正式挂牌上市交易，格林美成为"中瑞通"机制下首批登陆瑞士证券交易所上市的四家A股上市公司之一，也是首批获准发行GDR的深圳证券交易所两家上市公司之一。格林美本次发行上市标志着中瑞证券市场互联互通存托凭证业务（以下简称"中瑞通"）的正式启动，进一步拓宽了中国境内企业海外上市融资的途径，是深化中瑞资本市场双向开放、友好合作的有益实践，具有重要的里程碑意义。

二、项目成果

格林美是"中瑞通"机制下首批登陆瑞士证券交易所上市的四家A股上市公司之一，也是首批获准发行GDR的深圳证券交易所两家上市公司之一。自《境内外证券交易所互联互通存托凭证业务监管规定》及互联互通存托凭证配套业务规则扩大了适用范围，将原施行的"沪伦通"拓宽至"中欧通"以来，本所律师一直认真研究有关互联互通存托凭证业务的政策文件。

对于格林美本次发行上市项目，本所律师主要开展了以下七个方面的工作：

1. 参加了与本次发行上市相关的历次协调会，就本次发行上市涉及的法律问题与其他境内外中介机构进行充分的探讨。

2. 积极研究互联互通存托凭证业务相关法律法规，参与了本次发行上市方案的拟订，并根据法律、法规和规范性文件的规定提出了意见。

3. 协助格林美起草、修改并负责审查本次发行上市涉及的董事会决议、股东大会决议及其他境内法律文件。

4. 在对格林美进行法律尽职调查的基础上，为本次发行上市涉及的境内事项出具中国法律意见书、境内监管部门审核关注要点法律意见书及其他法律文件。

5. 协助格林美办理本次发行上市涉及的境内各项审批/备案/证明手续。

6. 协助起草本次发行上市的境内审批/备案申请文件，并协助处理监管部门就本次发行上市提出的反馈意见。

7. 协助起草本次发行上市的招股说明书。

本项目自启动至成功发行上市历时不足四个月，本所律师为格林美提供了专业、高效、优质的法律服务。格林美为此特向本所发来《格林美登陆瑞士证券交易所感谢状》（见图 23-1）。

因承办本项目，戴毅、陈晓璇、周佳律师获广州市律师协会授予 2022 年度"业务成果奖一等奖"（见图 23-2）。

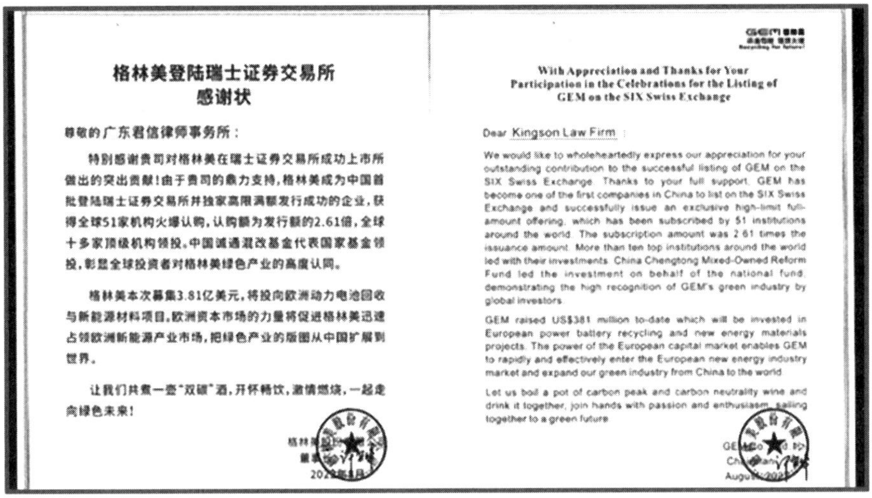

格林美登陆瑞士证券交易所
感谢状

尊敬的广东君信律师事务所：

特别感谢贵司对格林美在瑞士证券交易所成功上市所做出的突出贡献！由于贵司的鼎力支持，格林美成为中国首批登陆瑞士证券交易所并独家高限满额发行成功的企业，获得全球51家机构火爆认购，认购额为发行额的2.61倍，全球十多家顶级机构领投。中国诚通混改基金代表国家基金领投，彰显全球投资者对格林美绿色产业的高度认同。

格林美本次募集3.81亿美元，将投向欧洲动力电池回收与新能源材料项目，欧洲资本市场的力量将促进格林美迅速占领欧洲新能源产业市场，把绿色产业的版图从中国扩展到世界。

让我们共煮一壶“双碳”酒，开怀畅饮，激情燃烧，一起走向绿色未来！

With Appreciation and Thanks for Your Participation in the Celebrations for the Listing of GEM on the SIX Swiss Exchange

Dear Kingson Law Firm:

We would like to wholeheartedly express our appreciation for your outstanding contribution to the successful listing of GEM on the SIX Swiss Exchange. Thanks to your full support, GEM has become one of the first companies in China to list on the SIX Swiss Exchange and successfully issue an exclusive high-limit full-amount offering, which has been subscribed by 51 institutions around the world. The subscription amount was 2.61 times the issuance amount. More than ten top institutions around the world led with their investments. China Chengtong Mixed-Owned Reform Fund led the investment on behalf of the national fund, demonstrating the high recognition of GEM's green industry by global investors.

GEM raised US$381 million to-date which will be invested in European power battery recycling and new energy materials projects. The power of the European capital market enables GEM to rapidly and effectively enter the European new energy industry market and expand our green industry from China to the world.

Let us boil a pot of carbon peak and carbon neutrality wine and drink it together, join hands with passion and enthusiasm, sailing together to a green future.

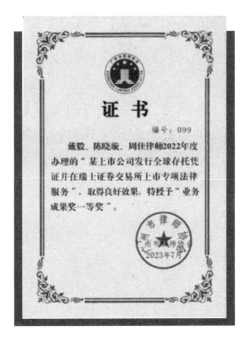

图23－1　格林美股份有限公司发来的《感谢状》

证　书

编号：099

戚毅、陈晓旋、周佳律师2022年度办理的“某上市公司发行全球存托凭证并在瑞士证券交易所上市专项法律服务”，取得良好效果，特授予“业务成果奖一等奖”。

2023年7月

图23－2　本案经办律师获广州市律师协会授予2022年度“业务成果奖一等奖”

经办律师简介

戴毅律师，2006 年开始执业，执业 18 年，现为广东君信经纶君厚律师事务所高级合伙人，广州市律师协会证券法律专业委员会委员、广州仲裁委员会仲裁员。在合同法、公司法、金融法、证券法、劳动法以及大型工程建设等领域积累了丰富的实务经验，尤其擅长于公司、证券、金融、风险投资方面的法律服务。

陈晓璇律师，2013 年开始从事律师工作，现为广东君信经纶君厚律师事务所合伙人。在公司法、证券法等领域积累了丰富的实务经验，已为多家企业提供股改、上市、定增、并购、重组、发债、股权激励、法律尽职调查等方面的法律服务。

周佳律师，现为广东君信经纶君厚律师事务所专职律师。主要为企业提供证券法律服务、常年法律顾问服务以及处理民商事纠纷等法律事务。

协助广州国企成功追加被执行人

为增加执行程序中追回债务避免国有资产流失的可能，广东君信律师事务所（现为"广东君信经纶君厚律师事务所"，以下简称"本所"）接受珠×公司的委托，代理城×公司诉珠×公司及第三人盛×公司追加、变更被执行人异议之诉一案，并协助委托人获得二审胜诉判决，成功追加城×公司作为被执行人，要求其在未足额缴纳出资的2.5亿元范围内向珠×公司履行盛×公司应履行而未履行的义务。

一、案情简介

（一）案件背景

珠×公司与盛×公司房屋租赁合同纠纷执行案中，珠×公司虽有胜诉判决但盛×公司无财产可供执行，盛×公司所欠700万余元的租金面临难以追回的窘境。为此，珠×公司依法申请追加盛×公司已转让股权的原股东城×公司等数个公司为被执行人，要求其在共计未足额缴纳出资的125000万元范围内向珠×公司履行盛×公司应履行而未履行的义务。

城×公司率先提起追加、变更被执行人异议之诉，请求撤销追加其为被执行人的裁定，以期免除其2.5亿元认缴出资范围内的连带清偿责任。

（二）肩负重任，接受委托

几个被裁定追加的原股东中，城×公司率先提起本案诉讼，其目的在于以此案作为前导，如其获胜诉，则由其他原股东后续跟进以免除其对盛×公司包括本案项下债务在内的巨额债务的清偿责任，此举将严重损害包括珠×公司在内的债权人的利益。有鉴于情势重大紧迫，珠×公司委托本所代理该追加、变更被执行人异议之诉案。

（三）查明事实，聚焦争议

本所律师接手该案件后，对案件背景情况及事实进行认真梳理，深入分析相关规定，综合《最高人民法院关于适用〈中华人民共和国公司法〉若干问题的规定（三）》第十八条第一款、《最高人民法院关于民事执行中变更、追加当事人若干问题的规定》第十九条以及《全国法院民商事审判工作会议纪要》第6条规定，提出城×公司是以增资方式成为盛×公司的股东，其作为原始股东的出资义务持续存在，不因转让股权而解除；即便城×公司转让案涉股权时出资期限尚未届满，但在出资期限届满后，应就出资不足对盛×公司的债务承担连带责任。

除提出最高人民法院民二庭发布的 2020 年全国法院十大商事案例关于"股东未届出资期限而转让公司股权的，符合出资加速到期条件时，应就出资不足对公司债务承担连带责任"的裁判要旨应当参照适用于本案争议外，本所律师还通过文义解释、系统解释等准确定义"未依法履行出资义务"，主张《最高人民法院关于民事执行中变更、追加当事人若干问题的规定》第十九条的正确理解应当是：股东在转让股权时，只要转让股权所对应的出资尚未缴纳（而不论当时是否已届出资期限），如果作为被执行人的公司，其财产不足以清偿生效法律文书确定的债务，则申请执行人有权申请变更、追加该股东或依公司法规定对该出资承担连带责任的发起人为被执行人。

同时，在城×公司是否存在逃避出资义务和逃废公司债务的恶意这一问题上，本所律师结合案件事实，明确指出城×公司转让案涉股权之日恰是案涉租金开始拖欠之日。城×公司作为盛×公司的股东，在明知盛×公司即将拖欠租金的情况下，赶在应付租金当日办理完毕案涉股权转让的变更登记手续，显属蓄意预谋，存在逃避债务的恶意，有悖诚信，理应被追加为被执行人。

（四）逆风飞扬，激浊扬清

虽然在一审中本所律师已做了充分的准备，但是一审结果并不尽人意，一审法院支持了对方的诉讼请求，其中一个重要的背景与原因是2021年12月24日颁布的公司法修订草案一审稿对公司原股东在出资期限尚未届满前转让公司股权，是否需对其转让股权前公司的债务承担责任这一问题作出了有利于原股东的规定。

面对不利局面，本所律师在冷静复盘之后，并未轻言放弃，在就二审上诉的重点、该案判决对于盛×公司租赁合同执行案后续的影响以及诉讼成本等方面的问题上为委托人综合分析是否就一审判决提起上诉的利弊，并取得委托人同意后，委托代理人就本案提起了上诉。

二审程序中，本所律师清晰还原盛×公司与珠×公司在前案房屋租赁合同纠纷中的履行全程，从合同租赁期限的长度及盛×公司履约能力在合同履行期限内如何逐步恶化，到城×公司非正常地转让案涉股权意图谋划的恶意逃废债安排，为二审法院查明案件事实提供有力的事实依据。

而法律适用方面，在一审充分法律分析的基础上，本所律师二审过程中结合案涉争议焦点及要件事实等进行最新的类案检索并提交法院参考，为二审法院依法裁判提供强力的法律适用支持。

最终，二审法院在判决书中采纳了本所律师提出的观点，即本案所涉租金债权系 2018 年 6 月 19 日签订的《商铺租赁合同》和《写字楼租赁合同》项下债权，该合同系在城×公司持股期间签订，租期长达 12 年，城×公司明知或应知该租金债权的产生，却在要支付第一笔租金的 2018 年 9 月 5 日将其持有的出资期限将届至的股份以 1 元的价格转出，城×公司一方面在对外公示的盛×公司章程中确认其应在 2019 年 1 月 13 日前足额缴纳认缴的 2.5 亿元出资，让交易相对人产生合理信赖，另一方面又在达成交易之后出资期限届满前将其持有的股权以 1 元的价格转让以免除自己的出资义务，因此，在盛×公司并无财产可供执行且城×公司的受让人亦未实际出资的情况下，珠×公司依据上述规定追加城×公司为被执行人并无不当。二审法院全面支持珠×公司的上诉请求，撤销一审判决，驳回城×公司的全部诉讼请求。也就是说，珠×公司成功追加城×公司作为被执行人，要求其在未足额缴纳出资的 2.5 亿元范围内向珠×公司履行盛×公司应履行而未履行的义务。

二、案例评析

对于公司原股东在出资期限尚未届满前转让公司股权，是否需对其转让股权前公司的债务承担责任的问题，现行有效的公司法及相关司法解释中并没有明确规定，实务中法院的裁判观点对此也有不同的认定及处理意见，如本案一审与二审的判决。

而在公司法修订草案的第一稿及第二稿中，对于该问题的处理态度，也从第一次审议稿的"股东转让已认缴出资但未届缴资期限的股权的，由受让人承担缴纳该出资的义务"修订为第二次审议稿的"股东转让已认缴出资但未届缴资期限的股权的，由受让人承担缴纳该出资的义务；受让人未按期足额缴纳出资的，出让人对受让人未按期缴纳的出资承担补充责任"。

一审判决结果顺应 2021 年 12 月 24 日颁布的公司法修订草案一审稿对前述问题的处理态度的风向，但本所律师并不气馁，积极从法律法规司法解释相关条文的解读、案件事实的梳理及认定、类案裁判及法律适用等各方面进行论述并获得二审法院的全面支持。

可以说，本案的代理思路及案件结果，应合了 2022 年 12 月 30 日颁布的《中华人民共和国公司法》修订草案二审稿对于公司原股东在出资期限尚未届满前转让公司股权，是否需对其转让股权前公司的债务承担责任问题的立法理念及立法方向，为严厉打击公司股东为逃避债务恶意转让股权行为的法治建设树立了典型。

因承办本案，谈凌、李宏华、方洵莹律师获广州市律师协会授予 2022 年度"业务成果奖一等奖"（见图 24 - 1）。

图 24-1　本案经办律师获广州市律师协会授予 2022 年度"业务成果奖一等奖"

经办律师简介

　　谈凌律师，毕业于华东政法学院国际经济法专业，1993 年开始执业，1994 年加入原广东君信律师事务所。现为广东君信经纶君厚律师事务所高级合伙人。广州市第十五届、十六届人大代表，第十届中华全国律师协会破产清算与并购重组法律专业委员会副主任。广东省律师协会破产与清算法律专业委员会主任，广东省破产管理人协会对外交流工作委员会主任，广州市律协营商环境研究院副院长、理事。执业 31 年，有扎实的理论功底和丰富的实践经验，擅长处理公司法、破产法、基础工程建设领域的各类法律业务。

李宏华律师，毕业于厦门大学，获法律硕士学位，执业 19 年。现为广东君信经纶君厚律师事务所董事会董事、高级合伙人，广东省破产管理人协会破产重整委员会副主任。在金融、破产清算及重整、投资并购及债务重组、商业诉讼及仲裁、大型基础设施建设、房地产、IT、劳动法等领域兼具深厚的理论功底和丰富的实务经验，能够全方面地为客户所涉及的法律问题提供准确、高效的服务。

　　方洵莹律师，毕业于西南政法大学，获诉讼法学硕士学位（民事诉讼法学方向）。现为广东君信经纶君厚律师事务所合伙人。专注于合同法、破产清算、建设工程、股权纠纷、劳动法等民商事法律领域法律业务的研习，积累和吸收了丰富的执业经验，熟悉企业对法律服务的需求。

高效助力广州国企参与胜×公司破产清算案

一、案情简介

大×公司是胜×公司最具价值的对外投资企业，也是胜×公司最大的债权人，同时亦是国有控股企业。大×公司运营的×高速项目是《国家公路网规划（2013—2030）》的第五条纵线，是国家和广东省高速公路网的重要组成部分。

因民营股东胜×公司抽逃出资，大×公司项目完工后一直面临巨大的资金压力，在国有股东广州×集团的大力支持下，方能按计划投入营运。在其民营股东胜×公司进入破产清算程序后，大×公司面对的情况更加恶劣，经营资金短缺但因民营股东无能力担保而无法融资、受疫情影响免收道路通行费、叠加债务到期等各项困难，如何在破产清算程序中处理各种复杂的法律问题，既要保持大×高速正常营运，又要确保国有资产不遭受重大损失，是大×公司、国有股东亟待解决的难题。广东君信律师事务所（现为"广东君信经纶君厚律师事务所"，以下简称"本所"）指派谈凌、李伟年、方洵莹律师等组成律师团队，全程为大×公司提供高效、优质的法律服务，协助大×公司一方面依法参与破产程序主张自身权利，另一方面解决一方股东破产后如何确保公司股东会、董事会、经营班子的运作既符合公司法，又不违反破产法的各种复杂问题，最终及时化解债务危机，最大程度降低了民营股东破产对大×公司正常经营造成的负面影响，确保×高速公路作为国家和广东省高速公路网的重要组成部分的安全稳定和正常运营。

二、业务难点

难点一：如何兼顾国资监管与破产清算的相关法律法规，确保大×公司的正常经营及×高速的正常运营不受破产程序的影响。

大×公司是胜×公司最具价值的对外投资企业，也是胜×公司最大的债权人，同时亦是国有控股企业。×高速项目是《国家公路网规划（2013—2030）》的第五条纵线，而大×公司主要经营项目为×高速项目粤境段，该项目是国家主干道×高速公路的一部分，路段线路总长181.8千米。×高速粤境段项目是国家和广东省高速公路网的重要组成部分，是广东省北出口的主要通道之一，该项目已经成为珠三角地区前往长三角地区的最快捷高速通道，对促进广东省及沿线地区的社会、经济的快速和可持续发展，增强广州及周边城市与×高速沿线城市经济文化往来具有重要意义。

三年来，大×公司日常经营的许多事项需要股东会、董事会作出决策，但民营股东法定代表人下落不明，代表民营股东的董事不予配合。管理人需代为履行股东、董事等职责，却不了解大×公司日常经营情况。因此，如何向管理人说明大×公司董事会需要决策事项的必要性、急迫性，确保大×公司的决策既符合国资监管的相关规定，也符合管理人依法履职的要求及破产企业在对外投资企业的利益，且不对大×公司正常经营及×高速项目正常运营造成负面影响，是本项目的工作难点之一。

难点二：如何化解大×公司债务危机，最大限度降低胜×公司抽逃出资和未履行出资义务及进入破产程序的影响。

受民营股东胜×公司损害公司利益侵占公司财产、未履行出资义务及抽逃出资的行为影响，大×公司面临重大债务危机。而胜×公司因未能履行债务导致其持有的大×公司股权先后被广东省、湖南省等地多家法院查封或轮候查封进而被法院裁定进入破产清算程序，无法为大×公司对外融资提供担保，给大×公司对外融资增加了巨大阻力。加之疫情等不利因素的影响，路费收入减少，导致大×公司的负债率远远高于同类企业，×高速项目正常运营存在资金缺口大、资金链面临断裂的问题。因此，如何协助大×公司缓解项目资金压力，防范潜在的金融风险，确保×项目作为国高网的安全稳定运营，是大×公司在胜×公司进入破产程序的另一工作难点。

难点三：如何在破产财产处置过程中协助管理人快速处置胜×公司持有的大×公司股权这一破产财产，通过破产程序重构公司股权结构，彻底解决历史遗留问题。

因民营股东经营困难，为融资需要，已将其持有的大×公司50%股权作出股权质押等法律安排，并设置各种责任及义务。各质押权人诉求不同，对股权的处置思路各异，对大×公司的股权估值也存在显著差距，若采取常规的破产财产处置程序，必将耗时良多且困难重重。由于×高速项目的重要性及特殊性，若不及时消除民营股东破产带来的负面影响，向外部投资者显示一个良好的股权结构，则难以获得外部融资。除阶段性缓解胜×公司进入破产程序给大×公司带来的融资压力外，让大×公司及时摆脱一方股东破产的困境，重构新的股权结构是实现广州国企维护×高速粤境段项目稳定运营的重要目标，也是本项目的工作难点和重点。

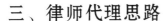

三、律师代理思路

如何理解及兼顾适用国资监管及破产清算的程序及规则，以减少民营股东破产对公司正常经营造成的负面影响，避免国有资产流失，保障国家骨干路网运行安全和重大国有资产安全，是大×公司及本所律师团队在胜×公司破产程序中需要统筹考虑的重中之重。

除依法申报债权外，本所律师还积极与管理人沟通，争取委托人被指定为债权人会议主席，并在胜×公司破产清算程序中与管理人及法院保持沟通，及时了解案件进展。本所律师团队积极探索破产重整、破产和解及破产清算各路径下，如何兼顾适用国资监管及破产清算的程序及规则，最大限度维护委托人的利益，协助广州国企实现其战略目标，避免国有资产的流失。

四、案件结果概述

在提供专项法律服务期间，本所律师团队的主要工作及取得的成果包括：

1. 为确保大×公司在胜×公司破产程序中的合法权利得以依法主张和保护，本所律师团队完成了数笔共计逾50亿元债权申报工作并获得管理人认定及法院裁定确认。

2. 积极与管理人沟通，争取委托人被指定为债权人会议主席，并在胜×公司破产清算程序中与管理人及法院保持沟通，及时了解案件进展。

3. 在胜×公司法定代表人下落不明的情况下，向管理人提供胜×公司的相关线索以协助管理人推进案件进展，以维护大×公司合法权益。

4. 在民营股东进入破产清算程序导致大广公司债务危机加剧加速的情况下，精准把握和充分兼顾国资监管及破产清算的程序及规则，协助大×公司及时化解债务危机，最大限度降低了胜×公司破产对大×公司正常经营造成的负面影响。

5. 在确认胜×公司确实不存在重整可能性的情况下，正确把握衍生诉讼案件阶段性结果及胜×公司管理人在财产变价方案的安排对案件后续进展可能造成的影响，协助大×公司国有股东广州×集团收购质押权人对胜×公司的优先债权、由广州×集团以有财产担保债权人的身份通过以物抵债的方式取得对大×公司的绝对控制权，进而参与拍卖取得剩余股权等一系列的法律安排，兼顾效率效益，实现广州×集团对大×公司全资控股的战略目标，有效避免国有资产的流失。

6. 积极协助及推进管理人处置股权资产，在管理人缺乏清算费用的情况下，本所律师团队出具法律意见，分析大×公司垫付股权评估费用的法律风险，促使具有国资成分的大×公司管理层同意垫付股权评估费，并积极提供评估公司所需文件，推动管理人采取灵活的方式分拆拍卖股权，最终引入新的股东，彻底解决历史遗留问题。

在提供专项法律服务过程中，本所律师团队共出具近百份法律意见，为大×公司及广州×集团决策提供法律支持。

五、案例评析

企业进入破产程序，其对外投资企业和债权人均会受到不同程度的影响。如若处理不妥，可能因一家企业破产而导致其关联方或上下游也随之陷入债务危机，形成多米诺骨牌效应。

胜×公司破产案中，大×公司既是胜×公司的对外投资企业，又是胜×公司的债权人，胜×公司利用其为大×公司股东身份、侵占公司财产、损害公司利益、抽逃出资等，导致大×公司资金存在巨大缺口，资产负债率畸高。而大×公司经营的×高速项目，是国家和广东省高速公路网的重要组成部分，大×公司必须保证×高速安全运营不受影响，且不能再出现国有资产损失。因此，律师工作的难度非常大。

本案中，本所派出的律师团队熟悉企业破产法、公司法、高速公路建设及营运，娴熟掌握破产案件的处理程序，也了解国资监管的难点和痛点。在胜×公司进入破产程序导致大×公司及其国有股东陷入被动的情况下，化被动为主动，积极参与破产程序，通过协助广州国企申报债权、由国有股东收购质押权人对胜×公司的优先债权、由国有股东以有财产担保债权人的身份通过以物抵债的方式取得对大×公司的绝对控制权，进而参与拍卖取得剩余股权等一系列的法律安排，成功助力广州国企实现大×高速粤境段项目稳定运营的战略目标。

本案是律师熟练运用企业破产法、公司法，协助客户化解关联企业破产引发的负面影响，助力广州国企高质量发展的典型案例。

因承办本案，谈凌、李伟年、方洵莹律师获广州市律师协会授予 2022 年度"业务成果奖二等奖"（见图 25 - 1）。

2023 年 2 月 10 日，大×公司向本所发来《感谢信》，就本所及团队律师为该项目提供高效、优质的法律服务表示衷心的感谢（见图 25 - 2）。

图 25 -1　本案经办律师获广州市律师协会授予 2022 年度"业务成果奖二等奖"

图 25 -2　2023 年 2 月 10 日，大×公司向本所发来感谢信

经办律师简介

　　谈凌律师，毕业于华东政法学院国际经济法专业，1993 年开始执业，1994 年加入原广东君信律师事务所。现为广东君信经纶君厚律师事务所高级合伙人，广州市第十五届、十六届人大代表，第十届中华全国律师协会破产清算与并购重组法律专业委员会副主任，广东省律师协会破产与清算法律专业委员会主任，广东省破产管理人协会对外交流工作委员会主任，广州市律政营商环境研究院副院长、理事。执业 31 年，有扎实的理论功底和丰富的实践经验，擅长处理公司法、破产法、基础工程建设领域的各类法律业务。

　　李伟年律师，毕业于中山大学，涉外经济法专业硕士研究生。2000 年开始律师执业，执业 24 年。现为广东省律师协会国有资产专业委员会委员、广东省破产管理人协会下设破产清算专业委员会副主任、广州市律师协会国有资产专业委员会副主任。2021—2023 年获聘为最高人民检察院"民事行政检察专家咨询网"专家。在政府部门法律顾问、基础设施建设、房地产开发、物业管理、招投标、商业物业租赁、公司并购重组、破产清算等领域积累了丰富的实践经验。

　　方洵莹律师，毕业于西南政法大学，获诉讼法学硕士学位（民事诉讼法学方向）。现为广东君信经纶君厚律师事务所合伙人。专注于合同法、破产清算、建设工程、股权纠纷、劳动法等民商事法律领域法律业务的研习，积累和吸收了丰富的执业经验，熟悉企业对法律服务的需求。

正确适用《中华人民共和国民法典》，
保卫牧场奶牛所有权

一、案情简介

×兴牧业、×科牧业、×草业（第三人）三家公司在×新牧业起诉其案件开庭前两天，委托广东君信经纶君厚律师事务所（以下简称"本所"）潘谦律师、陈微律师作为其代理人前往黑龙江省黑河市中级人民法院参加案件开庭审理。本所律师临危受命，紧急前往黑河市，通过连续两天通宵达旦地工作，迅速了解全部案情：2020 年×新牧业与×兴牧业、×科牧业、×草业签订《承包经营协议》和《资产购买协议》，后又签订《补充协议》。三份协议签订后，×兴牧业、×科牧业已将相关牧场（评估价约为 4 亿元）交付给×新牧业经营管理，相关牧场均处于其经营掌控中。然而，×新牧业仅支付 2 亿元的对价款中的 1 亿余元后，尚未履行完协议义务、所附条件尚未生效时，就单方撕毁协议，以起诉方式欲得到协议项下的全部资产所有权，并要求赔偿其相关损失。

二、争议焦点

1. ×兴牧业、×科牧业、×草业与×新牧业签订的《资产购买协议》及《补充协议》是否有效。

2. 二被告名下的 × 牧场与 × 山牧场已交接的 8385 头奶牛、机器设备、运输设备、办公及电子设备、房屋建筑物所有权是否应归原告所有。

3. × 兴牧业、× 科牧业、× 兴草业是否构成违约，应否赔偿原告未交接奶牛对价款 516.37 万元（33750 元/头 × 153 头），牛奶损失 97.2 万元，资产盘亏损失 24.83 万元，报废设备损失 496.1 万元，利息损失 130.5 万元，合计 1265 万元。

三、代理意见

第一，被告 × 兴牧业、× 科牧业，及第三人 × 兴草业与原告 × 新牧业签订的《资产购买协议》及《补充协议》正在履行中，原被告、第三人各方对该两份协议约定为附条件生效，是没有争议的。

1. 根据《资产购买协议》和《补充协议》约定，该两份协议生效是附条件的。

2. 该两份协议签订后至目前为止，签约各方均在履行协议中，被告方已经按照协议约定履行了相应的义务，而原告方尚未履行完付款义务。签约各方从未针对合同的效力问题发出任何质疑、异议或声明等。

3. 从原告方向法院提交的证据来看，也没有提供任何有效证据证明协议的任何一方对《资产购买协议》及《补充协议》的合法有效性存在争议。

第二，案涉 × 牧场与 × 山牧场已交接的 8385 头奶牛、机器设备、运输设备、办公及电子设备、房屋建筑物所有权（以下统称"两牧场物权"），原告请求法院判令归其所有，没有协议依据和法律依据。

1. 根据《补充协议》约定，两牧场物权仅是"视为甲方将出售资产的所有权转移至乙方名下并完成可交接"，同时基于《承包经营协议》的约定，原告对该两牧场物权早已实际占有、使用、掌控并在经营管理中。

2. 根据《资产购买协议》约定，两牧场物权是附条件出售给原告，《资产购买协议》第二条明确约定了出售资产回购及相关事宜。因此，根据《资产购买协议》的内容以及签订各方的真实意思表示，该协议名为资产买卖，实为一种抵押融资行为，属于让与担保合同，协议中约定原告在规定的"所有权转移日"，所享有的权利是视为转移，属于形式上的转移，并非为买卖合同性质的所有权转移。

3. 根据与《资产购买协议》同日签订《承包经营协议》的约定，原告已实际占有、使用、经营两牧场物权，并且根据该协议约定，被告已将运营相关的证件，包括但不限于动物防疫条件合格证、生鲜乳收购许可证、生鲜乳准运证、禽畜养殖代码证、种畜禽生产经营许可证等移交给原告，又根据《承包经营协议》约定"移交的资产按照现状进行，乙方确认其已明确知晓现状且没有异议"。

由上，依据《资产购买协议》及《补充协议》的约定，两牧场物权因融资借款关系而被协议各方确定为"视为转移"，并基于经营承包关系而已实际交付给原告经营管理，故根本不存在原告诉求的需要请求法院依法判令确权的事实依据和法律依据。

第三，本案中，×兴牧业、×科牧业和×兴草业不存在违约行为，原告所提出的赔偿请求，毫无事实和法律依据，依法根本不能成立。

1. 根据《资产购买协议》及《补充协议》的约定，×兴牧业、×科牧业和×兴草业已履行协议主要义务，配合原告完成交接和证件办理工作，确保了原告顺利运营牧场，而原告方也未提供有效证据证明×兴牧业、×科牧业和×兴草业存在违约行为，

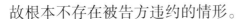

故根本不存在被告方违约的情形。

2. 关于赔偿原告未交接奶牛对价款 516.37 万元（33750 元/头×153 头），牛奶损失 97.2 万元的问题。

根据本案事实，原告所说的 153 头奶牛，实际上早已移交给原告经营管理，奶牛是在原告掌控管理时被法院拍卖的。而依据《资产购买协议》及《补充协议》的约定，原告的主要协议义务是解除被告方资产受限的状态，且协议的生效条件是自出售资产受限状态解除后生效。据此，因原告没有履行协议的主要义务导致被告方的资产不仅未能解除受限状态，还被法院拍卖，这属于原告违约，并导致协议未生效。原告却在本身发生违约后还反咬一口，提起本案诉求要求被告方承担违约赔偿责任，这一诉求依法根本不能成立。

3. 关于资产盘亏损失 24.83 万元、报废设备损失 496.1 万元的问题。

×牧场和×山牧场的资产评估总值达到 3.93 亿元人民币，账面存在设备报废的情况属于经营中的正常情况，特别需要指出的是，牧场中最主要的资产是奶牛，其价值具有增值的特点，随着时间、市场以及自身繁衍生育不断增值。根据《承包经营协议》的约定，原告承包经营的期限是五年，根据《资产购买协议》的约定，被告方的回购期为 1～5 年，当承包经营期满或被告方按约定行使回购权时，只有协议方核对清算资产才会涉及资产盘亏、报废设备损失的问题。而目前原告方根本没有任何协议约定和法律依据，与被告方谈及或索赔资产盘亏损失和报废设备损失的问题。

4. 关于利息损失 130.5 万元的问题。

原告提出其下属全资子公司于 2020 年 12 月 20 日与×乳业公司签订牧场借款合同。另与×银行签订借款合同。对此，本所律师认为，仅从这两份借款合同签约主体不是原告方的角度分析，这两份借款合同与本案无关。

5. 还需要特别强调的是，在本案 2021 年 7 月 22 日庭前交换证据时，原告代理人自认其下属子公司与×银行签订的借款合同，抵押物是用由其负责承包经营的×山牧场和×牧场的奶牛做抵押。原告这种操作是利用被告方的资产抵押借款再借给被告，不仅事先未经被告方同意，事后还理直气壮诉求被告赔偿利息损失，简直就是空手套白狼、恶人先告状！

第四，本案的案由应为确认合同有效纠纷，以及本案《资产购买协议》《补充协议》实为让与担保合同，且回购尚未到期，原告请求确认财产归其所有，人民法院依法不予支持。

1. 根据原告的诉请一请求确认《资产购买协议》和《补充协议》有效，因此，本案的案由应为确认合同有效纠纷。

2. 根据《资产购买协议》《补充协议》对生效条件均有明确条款约定，本案各方均对该两份协议所附的生效条件予以认可，不存在争议。因此，应依法驳回原告的全部诉讼请求。

3. 根据《承包经营协议》《资产购买协议》《补充协议》约定的内容，为了解决×兴牧业历史遗留债务问题，由原告承包经营被告方的牧场，对于×山和×两个牧场"购买＋回购"模式的安排，其实质就是为了借款而进行的一种抵押融资行为，属于让与担保业务，被告方对两个牧场所有资产拥有最终回购的权利，原告在协议规定的"所有权转移日"，所享有的所有权是视为转移，属于形式上的转移，并非买卖合同性质的所有权的转移。

4. 又依据《全国法院民商事审判工作会议纪要》第七十一条规定，原告在回购尚未到期时，请求确认财产归其所有，毫无事实和法律依据，人民法院应依法不予支持。

综上所述，本所律师认为：本案被告×兴牧业因企业经营遭遇严重困境，×市委、市政府基于拯救当地民营企业考虑，邀请原告启动了×兴牧业的债务纾困工作，在此种背景下，本案原被告签订名为《资产购买协议》，实为一种抵押融资行为，属于让与担保业务的合同。这主要是为了达到化解×兴牧业的债务危机，切实保障股东及债权人的利益，而进行的融资借款。因此，根据本所律师的上述代理意见，本案原告诉请缺乏事实和法律依据，依法根本不成立。为此，请求法院依法驳回原告的全部诉讼请求，以维护被告方及第三人的合法权益。

四、判决结果

一审判决：驳回原告×市×新牧业有限公司的诉讼请求。
二审判决：驳回上诉，维持原判。

五、案例评析

本案被告×兴牧业因企业经营遭遇严重困境，×市委、市政府基于拯救当地民营企业考虑，邀请原告启动了×兴牧业的债务纾困工作，在此种背景下，本案原被告签订名为《资产购买协议》，实为一种抵押融资行为，属于让与担保业务合同。这主要是为了达到化解×兴牧业的债务危机，切实保障股东及债权人的利益，而进行的融资借款。依照《资产购买协议》约定"本协议自各方签字/盖章后成立，自出售资产受限状态解除后生效"和《补充协议》约定"本协议自各方签字/加盖公章后成立，自出售资产部分/全部受限状态解除时生效，若出售资产未能全部解除受限状态，不影响已解除受限状态出售资产部分的生效"，又根据《中华人民共和国民法典》第一百五十八条规定，民事法律行为可以附条件，但是根据其性质不得附条件的除外。附生效条件的民事法律行为，自条件成就时生效。附解除条件的民事法律行为，自条件成就时失效。因此，原告×新牧业在合同履行期间，协议所附条件未成就时，欲通过诉讼方式达到取得牧场和奶牛所有权的目的，根本没有合同和法律依据。

六、结语和建议

诚实信用原则，主要是民法对具有交易性质的民事法律行为和民事活动确立的基本准则，是将诚实信用的市场伦理道德准则吸收到民法规则中，约束具有交易性质的民事法律行为和民事活动的行为人诚实守信，信守承诺。故诚信原则被称为民法特别是债法的最高指导原则，甚至被奉为"帝王原则"。

本案各方对案涉协议已实际履行将满一年时，原告突然提起本案诉讼，被告不得其解，及后在证据交换时，原告承认用奶牛做抵押向银行借款，至此被告终于明白原告的真实目的，即妄图通过法院判决的方式达到突破涉案协议约定形式上转让所有权，让法院判定其诉求具有实质意义上的所有权，待被告方提出回购时，以法院判决结果予以对抗或抗辩，达到不返还被告优质资产的目的。原告的行为显然违反协议约定、未能恪守承诺，已经明显违反了《中华人民共和国民法典》第七条规定，民事主体从事民事活动，应当遵循诚信原则，秉持诚实，恪守承诺。

负责审理案件的两审法院面对案件涉及关系复杂，案中有案，合同中又有补充协议，且涉及多个执行案件，抽丝剥茧，不懈努力，正确适用《中华人民共和国民法典》的规定，依法维护×兴牧业、×科牧业、×兴草业（第三人）的合法权益，让作为被告的×兴牧业、×科牧业、×兴草业（第三人）深深感受到公平正义！

因承办此案，陈微律师获广州市律师协会授予 2022 年度"业务成果奖三等奖"（见图 26 - 1）。

图 26 - 1　本案经办律师获广州市律师协会授予 2022 年度"业务成果奖三等奖"

经办律师简介

潘谦律师，1993 年毕业于中山大学法律学系，取得法学学士学位；曾在广信、广大、卓信等多家大型律师事务所执业，执业30 年，现为广东君信经纶君厚律师事务所高级合伙人。曾任广东省律师协会房地产专业委员会副主任，连任两届广州市房地产业协会常务理事与广州市房地产学会常务理事。擅长金融资产管理、债权处置交易与追收、房地产、建设工程、并购重组等法律事务，曾多次受邀作为全国性金融资产管理、房地产和建设工程的相关专题研讨会、媒体节目或讲座的嘉宾交流或授课，并因其所办案件之影响力获广东电视台、广东电台、羊城晚报、广州日

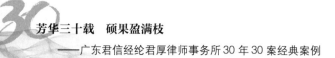

报、南方都市报、新快报等新闻单位采访。曾代表广东省各大金融资产管理公司和多家商业银行、基金公司、房地产公司以及众多个人投资者处理过数百宗相关大中型法律事务。

陈微律师，从事律师工作 20 多年，现为广东君信经纶君厚律师事务所合伙人。具有丰富法律知识和实践经验，办理了大量民事、刑事、行政、仲裁等各类案件，并担任多家大型企业、事业单位法律顾问，为当事人提供最优质的法律服务。在长期办案中熟悉诉讼操作规程，掌握丰富的办案技巧与方法，并在此基础上形成了诚实守信、踏实严谨、认真负责、讲求效率的执业风格，还擅长于将法学理论与实践融合在一起，任何疑难案件都能以专业的水准、娴熟的技巧高效解决，对当事人交付的法律业务，总是亲力亲为，赢得当事人的广泛好评。同时，还具有良好的职业道德和高度的社会责任感，在不断拓展业务的同时不忘利用自己的专业知识担任公益律师回报社会，力所能及地帮助需要获得法律援助的社会大众。获广州市律师协会授予 2013 年度"法援优秀奖"，2021 年度、2022 年度"优秀公益律师奖"和"维护社会稳定奖"，2022 年度"业务成果奖"。

执行异议之诉的现实意义

——改革开放初期国有资本股份的权属认定

一、主题提要

我国自 1978 年底开始改革开放后，国有资金开始大量进入经济市场，大大小小的国有企业如雨后春笋般大量设立。但当时设立国有企业的方式十分灵活简便，程序和实体要求并不严格。实际上，在 1994 年 7 月 1 日《中华人民共和国公司法》施行前和实施后的很长一段时间，包括国有企业在内的各类企业，股权登记制度都不完善，现代公司法意义的"注册资本金"概念也不并十分清晰。

中×公司正是在此种历史背景下于 1988 年 2 月设立。而围绕中×公司的股权争夺，从 1996 年开始一直持续到 2022 年初，才终于尘埃落定。

二、案情简介

1988 年 2 月 24 日，开发中心出具一份《资金证明书》，该证明书记载：因需成立"×大厦管理公司"（中×公司的曾用名），故在开发中心的注册资本中划拨 100 万元作为中×公司注册资本。实际上，开发中心并未出资。

1990 年 6 月 1 日，机械部综合计划司下发《关于将信息资料室扩建为信息培训楼并由中×公司承担建设、管理任务的通知》，该通知记载："部前期下达的技术改造拨款 300 万元，用于对×大厦的六层副楼原始投资补偿……相应增加中×公司国拨资金。"故中×公司的注册资金从原始的 100 万元增加至 400 万元（第一次增资）。

1992 年 3 月 21 日，深圳市人民政府办公厅下发《关于中×公司产权变更的批复》，明确写明中×公司的产权由开发中心变更为"总公司"（该总公司已于 1999 年并入×集团，即委托人，也是执行异议之诉的原告，以下简称"原告"）。

1996 年，×有限公司（已破产，即执行异议之诉的被告，以下简称"被告"）与开发中心存在经济纠纷并争讼。经中国国际经济贸易仲裁委员会审理后，作出裁决书，开发中心应向被告偿还 8769791.682 美元及利息。因开发中心一直未能清偿，被告向深圳市中级人民法院（以下简称"深圳中院"）申请了强制执行。

1997 年 4 月，为执行深圳市公司规范与改组领导小组办公室下发的《关于原有公司重新登记的通知》，按照"一法两条例"进行企业规范登记，中×公司向机械部申请由第三人能源公司持有中×公司 80% 股权，由工会持有 20% 的股权，并相应完成了工商登记变更。

1997 年 12 月 15 日，国家计划委员会、财政部向机械部发出《国家计委、财政部关于将机械工业部中央级"拨改贷"资金本息余额转为国家资本金的批复》，明确中×公司的 532 万本息贷款，作为机械部对其的投入款，即贷转股（第二次增资）。也即，第二次增资款的实际出资人也是机械部。

1998 年 3 月 12 日，机械部向×（集团）公司（现名×集团，即原告。下同）发函《关于委托×（集团）公司对"拨改

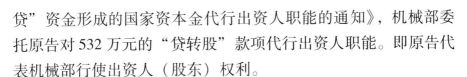

贷"资金形成的国家资本金代行出资人职能的通知》，机械部委托原告对 532 万元的"贷转股"款项代行出资人职能。即原告代表机械部行使出资人（股东）权利。

2001 年，开发中心被吊销。

2002 年前后，上述由被告作为强制执行申请人的案件，因被告主张中×公司是开发中心的全资子公司，应当作为被执行财产。故深圳中院于 2002 年作出了《查证结果通知书》，认定因中×公司的股权登记于能源公司和工会名下，故中×公司已不是开发中心的全资子公司。

2003 年 6 月，针对上述 532 万元的贷转股出资，原告为了行使股东权利，故办理了工商登记，正式登记成为中×公司的股东，占有 57.08% 股份。

2004 年 1 月被告又申请恢复执行，深圳中院于 2004 年在执行过程中认定中×公司 100% 的股权属于开发中心可供执行的资产（这一认定已经被证明是错误的且已部分纠正），并再次对该股权进行了冻结。本案原告、能源公司、工会随即各自提出执行异议——能源公司、工会明确提出其所持的中×公司股份是代机械部持有。而因原告代机械部行使权利，故原告当时就已经提出"中×公司的全部股权应属于原告"的主张。

2004 年 11 月 17 日，深圳中院审理异议后，作出《民事裁定书》，裁定登记于原告名下的中×公司 57.08% 股权不是开发中心的资产并解除了冻结，但登记于能源公司名下的 34.33% 股权和工会名下的 8.58% 股权，仍然被错误冻结。

2011 年，×有限公司（被告）申请破产。

2015 年，被告（破产管理人）又向深圳中院申请恢复执行，深圳中院作出 286 号《民事裁定书》，再次冻结了中×公司登记于能源公司名下的 34.33% 股权和工会名下的 8.58% 股权（共计42.92% 股权，以下简称"涉案股权"），期限自 2015 年 2 月 2 日

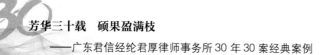

至 2020 年 1 月 30 日。

2016 年 6 月 28 日，原告向深圳中院递交了《执行异议书》，主张涉案股权也属于原告，不应被执行。因深圳中院一直行未予受理，原告于 2016 年 9 月向广东省高级人民法院（以下简称"省高院"）提出执行司法监督的申请。

2016 年 12 月 12 日，省高院下发的《执行监督案件办理情况通知书》要求深圳中院应当依法审查处理原告的申诉请求。

2017 年 11 月，深圳中院受理了原告提出的执行异议申请，并于 2018 年 11 月 1 日向原告送达了《民事裁定书》，但深圳中院仍依据《最高人民法院关于人民法院办理执行异议和复议案件若干问题的规定》第二十五条第一款第四项的规定，认为应当按照"股权按照工商行政管理机关的登记和企业信用信息公示系统公示的信息判断"，故以涉案股权未登记在原告名下为由裁定驳回了案外人（原告）的执行异议申请。

2018 年 11 月，广东君信经纶君厚律师事务所（以下简称"本所"）律师代表×集团（作为原告）依法向深圳中院提起执行异议之诉，请求确认中×公司被冻结的 42.92% 股权是原告的财产；撤销286 号《民事裁定书》，解除对中×公司登记于第三人能源公司名下（34.33%）和工会委员会（8.58%）名下合共 42.92% 股权的冻结。

2020 年 6 月，深圳中院作出一审判决，支持了原告的全部诉讼请求。

由于对方不服上诉至广东省高院，直至 2022 年 1 月广东省高院才作出判决，驳回上诉维持原判。

三、争议焦点

1. 涉案股权的权利人。

2. 法律适用。

四、代理意见

（一）中×公司的注册资本共计 932 万元，全部由机械部出资

第一，关于初始设立时的 100 万元。

1. 开发中心作为机械部在深圳的唯一直属单位，是依照机械部的指令负责办理中×公司的开办手续。为此，开发中心在 1988 年 2 月 24 日出具了一份"划拨 100 万元作为中×公司注册资本"的《资金证明书》并留存在工商局的登记档案中。但实际上，开发中心从未实际支付过 100 万元注册资金给中×公司。

2. 按照 1988 年《中华人民共和国企业法人登记管理条例》第十五条规定（即中机公司设立时的法律规定）开办企业需要提供的是：资金信用证明、验资证明或者资金担保。该条例第十二条规定："注册资金是国家授予企业法人经营管理的财产或者企业法人自有财产的数额体现。企业法人办理开业登记，申请注册的资金数额与实有资金不一致的，按照国家专项规定办理。"

3. 基于前述法律规定，中×公司设立时，工商管理部门虽然将开发中心登记为中×公司的出资人，并将初始注册资金登记为 100 万元，但并不意味着开发中心就是中×公司的出资人或股东，也不意味着开发中心已经实际向中×公司支付了 100 万元的注册资金。因为，1988 年时，设立公司所要提供的资金信用证明，并不具备现行公司法规定的"注册资本金"的意义。

第二，关于第一次增资的 300 万元。

1. 机械电子工业部综合计划司于 1990 年 6 月 1 日下发的《关于将信息资料室扩建为信息培训楼并由中×公司承担建设、

管理任务的通知》记载："部前期下达的技术改造拨款 300 万元，用于对×大厦的六层副楼原始投资补偿……相应增加中×公司国拨资金。"故中×公司的注册资金从原始的 100 万元增加至 400 万元，并于 1993 年 4 月 20 日完成工商登记变更。

2. 中×公司于 1997 年 3 月取得由国家国有资产管理局出具的《企业国有资产占有产权登记表》，明确记载中×公司的企业主管部门为机械工业部，并且机械工业部为中×公司投入资金 400 万元，占股 100%。也即，截至此时，中×公司的注册资金 400 万元，其实际出资人、产权人或股东，都应是机械部。

第三，关于第二次增资的 532 万元。

1. 1997 年 12 月 15 日，国家计划委员会、财政部向机械部发出《国家计委、财政部关于将机械工业部中央级"拨改贷"资金本息余额转为国家资本金的批复》，明确中×公司 532 万本息拨改贷的款项，由机械部作为出资人。

2. 1998 年 3 月 12 日，机械部向×（集团）公司（现名×集团，即原告）发函《关于委托×（集团）公司对"拨改贷"资金形成的国家资本金代行出资人职能的通知》，明确由原告代表机械部"拨改贷"出资人（股东）权利，因此原告是中×公司 532 万元本息的"拨改贷"款项的权利人。

3. 2003 年 6 月，针对该笔 532 万元出资，原告依据上述文件，办理了工商登记——登记成为中×公司的股东，占有 57.08% 股份（因 1997 年 4 月 21 日能源公司和工会已登记成为中×公司的股东，故原告就直接登记为增资部分的股东，而没有直接将中×公司的全部股权登记在原告名下）。

（二）原告代行机械部的权利

1. 1998 年，因为国家机构改革，机械工业部改组为国家机

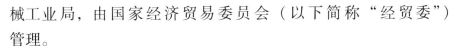

械工业局，由国家经济贸易委员会（以下简称"经贸委"）管理。

2. 1998年12月2日，国家机械工业局（改组后的机械部）向×（集团）公司（即原告）发文《关于×（集团）公司划转×总公司等六家公司资产的批复》明确将中×公司的资产划转给原告。

3. 按照上述文件，原告是中×公司的全额出资人、唯一股东，中×公司的全部资产均属于原告。

（三）全民所有制企业的产权必须以"国有产权登记"记载为准

1. 国家国有资产管理局、财政部、国家工商局于1992年5月11日发布的《国有资产产权登记管理试行办法》（已失效）第三条规定："国有资产产权登记是国有资产管理部门代表国家对国有资产进行登记，依法确认国家对国有资产的所有权以及企业单位占有、使用国有资产的法律行为。国有资产管理部门核发的《国有资产授权占用证书》是企业单位对授予其经营管理的国有资产享有占有、使用和依法进行处分的权利的法律凭证。"

《国有资产产权登记管理试行办法》（已失效）第五条更进一步明确："国有资产管理部门审查合格的《国有资产产权登记表》是核发《国有资产授权占用证书》的依据，也是企业单位对国家承担占有、使用的国有资产经济责任的依据和国家对该企业单位占有、使用的国有资产拥有所有权的法律凭证。"

2. 国务院于1996年1月25日发布的《企业国有资产产权登记管理办法》第二条明确规定："本办法所称企业国有资产产权登记（以下简称产权登记），是指国有资产管理部门代表政府对占有国有资产的各类企业的资产、负债、所有者权益等产权状况进行登记，依法确认产权归属关系的行为。"

3. 财政部于 2000 年 4 月 6 日发布的《企业国有资产产权登记管理办法实施细则（2000 修订）》第四条规定："财政（国有资产管理）部门审定和颁发的《中华人民共和国企业国有资产产权登记证》（以下简称产权登记证），是依法确认企业产权归属关系的法律凭证和政府对企业授权经营国有资本的基本依据。"

4. 最高人民法院于 2012 年 9 月 5 日作出的（2012）民二终字第 69 号案《民事判决书》（温州×有限公司与新疆×公司、×商务厅案外人执行异议纠纷案）也明确了"应以《企业国有资产产权登记证》作为依法确认企业产权归属关系的法律凭证和政府对企业授权经营国有资本的基本依据，应当具有确认企业性质、产权归属的法律效力"的审判原则。

5. 从上述法律规定和事实情况可知：一是开发中心是否向中×公司支付了注册资金，以及支付了多少注册资金，与开发中心是否对中×公司享有产权，本质上没有关联。中×公司的产权归属，依法应当以《企业国有资产占有产权登记表》为准。二是中×公司的产权早于 1992 年已经划归总公司，又于 1998 年底划归原告。因此，2001 年 3 月财政部出具的中×公司的《企业国有资产产权登记证》（2002 年、2003 年均通过年检）中，才会明确记载中×公司的管理部门为原告，出资人也为原告，原告实际占有和使用的国有资本为 932 万元，占有 100% 股权。因此，虽然在 2003 年 6 月以前，工商登记显示能源公司持有中×公司 80% 股权，工会持有 20% 股权，但实际上出资人、真正的权利人早就是原告且只有原告。

五、判决结果

一审、二审均胜诉。

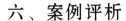

六、案例评析

该案件是案外人通过执行异议、执行异议之诉的司法救济程序，从实体上成功完成确权的典型案件！除去本案自身的特殊情况，比如主体众多、细节繁杂、时间跨度长等特点外，该案件的典型意义和价值在于：

第一，在广东省地区确立了类似案件的审判标准。

改革开放初期，《中华人民共和国公司法》尚未颁布实施。当时设立国有企业的方式十分灵活，出资、验资等登记要求流于形式，设立公司多少带有行政行为的性质。

而一旦就出资、股权权属发生争议，究竟是依据并不准确的工商登记公示信息，还是以国有产权登记表来认定国有资产的出资人？这个疑问，在本案的生效判决作出前，仅最高院有类似的案例，而广东省内并没有可供参考的案例。

随着本案两审判决的最终生效，从两级法院判决结果的一致性来看，上述问题已有了统一的答案——应以国有产权登记表来认定国有资产的出资人。

第二，体现了执行异议之诉在执行程序中，作为案外人权利救济途径的重要意义。

执行异议之诉是 2007 年《中华人民共和国民事诉讼法》修订后才新出现的一种诉讼类型。与传统的诉讼相比，还有很多需要探讨和研究的空间和领域。

执行异议之诉案件在诉讼主体、诉讼请求、诉讼程序和法律适用、裁判内容等方面都具有不同于普通民事诉讼的特殊性。且法院需对原告的诉讼请求作出停止执行或者许可执行的判决，实际上这已不仅是对诉讼标的的权属作出判断，也需要对执行行为进行评价，是实体与程序交织，是对审判与执行的双重评价。

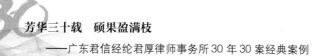
但执行法律关系特别纷繁复杂，执行中合法权益遭受侵害的情形在所难免，救济与侵害相伴相随。因此，案外人异议之诉作为一种执行救济，是执行法律体系中不可或缺的内容。

本案中，正是通过执行异议之诉的程序，原告一站式完成股权归属的确权，同时排除了自己的股份继续被法院执行的可能。

七、结语和建议

本案的办理自2016年初开始至2022年5月止，不经意间已历时六年有余！其间经过了广东省高院的执行监督、深中院的执行异议、执行异议之诉的两审程序。

这漫长的时光是对专业律师耐心的考验，也需要律师对法律怀有真诚的信念，更要求律师不懈的思考和沉淀，对案件事实不断地梳理和挖掘，结合法理并从历史发展的宏观角度，与时俱进地对争议焦点进行多角度、深层次的分析。

最终，本案能够取得可喜的判决结果，也可为今后的同类案件提供代理意见思路和判例范本，那么这些年的辛苦都是值得的！

因承办本案，李立、许壮律师获广州市律师协会授予2022年度"业务成果奖二等奖"（见图27-1）。

图27-1　本案经办律师获广州市律师协会授予2022年度"业务成果奖二等奖"

经办律师简介

李立律师，1998 年毕业于汕头大学法学院法学专业并取得法学学士学位。1998—2001 年任职于联美集团公司，负责该集团公司法律部的各项工作。2002 年加盟具有"全国优秀律师事务所"称号的广东君信律师事务所，其后更成为广东君信律师事务所的合伙人。2013 年加盟广东君厚律师事务至今。2021 年，广东经纶律师事务所与广东君厚律师事务所合并成为"广东经纶君厚律师事务所"；2023 年，广东君信律师事务所与广东经纶君厚律师事务所合并成为"广东君信经纶君厚律师事务所"。李立律师现担任广东君信经纶君厚律师事务所管理委员会主任、高级合伙

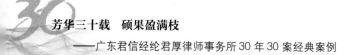
人。在公司法律、合同法律、劳动法律及外商投资法律方面有丰富的经验，尤其擅长处理各类合同纠纷、劳动争议纠纷、侵权及不正当竞争等方面的诉讼工作以及企业投资并购、重大资产转让等非诉讼业务。

许壮律师，毕业于中山大学，2005 年加盟原广东君信律师事务所。现为广东君信经纶君厚律师事务所合伙人。执业期间经办的案件多次获得广东省、广州市律师协会的奖项。

中铁物资集团印尼雅万高铁项目法律服务

一、项目情况

2023 年 10 月 2 日，"一带一路"旗舰项目——印尼雅万高铁正式开通运行，标志着印尼乃至东南亚地区正式迈入"高铁时代"，这也是中国高铁首次全系统、全要素、全产业链落地海外。央企中铁物资集团作为雅万高铁全线钢轨及配套服务的供应商，为项目的成功投运提供了有力的保障。中铁物资集团在总结中指出：自"一带一路"倡议提出十周年以来，集团积极参与了印尼、马来西亚、巴基斯坦、阿联酋等众多"一带一路"国家的重点项目物资供应，特别是参与雅万高铁项目并出口供应全线钢轨，是中国首次大批量出口 50 米钢轨，是中国铁路物资出口的一个里程碑。

二、法律服务

广东君信经纶君厚律师事务所（以下简称"本所"）合伙人黄赞荣律师作为中铁物资集团负责雅万高铁项目的港澳公司的法律顾问，为该项目的实施提供了全程法律服务，获得了委托人的高度认可，也为助力我国企业"走出去"贡献了一份微薄力量。具体而言，该项目的法律服务可分为三个方面。

（一）项目竞标阶段

印尼雅万高铁钢轨项目标招标人为印尼铁道部，从 2015 年初中铁物资集团参与竞标开始，本所黄赞荣律师即参与项目咨询服务，为中铁物资集团投标联合体的组建、投标文件的审查提供了多方面的法律服务。

（二）项目实施阶段

中铁物资集团联合体正式中标后，本所黄赞荣律师就与印尼铁道部签订的钢轨供货合同、服务合同等提供了法律审查服务，为相关的上游采购合同、海运合同、检测服务合同的法律问题提供了咨询意见，为委托人在印尼当地聘请商务、税务咨询顾问及其他服务采购提供法律帮助。

（三）争议解决咨询

在项目实施过程中产生或大或小的争议不可避免，本所黄赞荣律师为中铁物资集团解决与项目业主、合作伙伴之间就一些具体细节事务的分歧，做了大量的工作，就相关合同条款及法律适用问题直接参与了协商与沟通，最终均以友好方式顺利达成协议。

三、典型意义

本项目（见图 28 - 1）为涉"一带一路"建设的国家重大项目印尼雅万高铁项目的一个核心子项目，项目周期长达 8 年时间（自 2015 年至 2023 年），其间所面临的法律问题涉及方方面面，

图 28 - 1　本案项目现场图片

均需慎重解决。现将律师服务过程中所面对的几个典型法律问题及其解决方案介绍如下。

（一）适用法律的选择

因项目业主的强势地位，中铁物资集团与项目业主签订的主合同只能选择印尼法律作为准据法。但是，该集团在印尼当地聘请顾问、采购、运输等服务的合同，本所律师均建议坚持选择中国法律作为准据法，并最终获得支持。这一选择，为合同履行过程中解决相关分歧起到了非常关键的作用。

（二）域外法查明

中铁物资集团在当地聘请的一家商务合作伙伴提供的服务不符合合同约定，该集团决定解除聘用合同，但印尼公司不配合。经委托人咨询，本所律师提出了援引《中华人民共和国合同法》（已失效）第九十六条单方发出《解除合同通知书》解除合同的建议。但在核实合同条款时，发现准据法条款将应为 "laws of the People's Republic of China" 的文字笔误为 "laws of the Republic of China"。按国际通常的理解，"Republic of China" 指称中国台湾地区。为慎重起见，本所律师通过域外法查明途径核实，确认中国台湾地区"民法典"的相关规定与中国大陆《中华人民共和国合同法》（已失效）规定基本一致，最终协助委托人决策发出《解除合同通知书》。

（三）主张不可抗力

本项目周期为 8 年，跨越整个 3 年新冠疫情防控期间，疫情初期海运船期迟滞，中铁物资集团在钢轨供应方面也受到了不利影响。同时，印尼在 2020 年 1—2 月遭遇了罕见暴雨，严重影响了委托人的履约能力。为了尽可能避免不利后果，委托人询问本所黄赞荣律师意见，本所黄赞荣律师提出了按照合同"不可抗力"条款向项目业主发出《不可抗力通知》的建议，被委托人采纳。《不可抗力通知》的发出，让委托人履行了合同约定的通知义务，避免了程序瑕疵的潜在风险。

（四）经验总结

本项目为涉外非诉讼项目。为同类项目提供法律服务，需要具备坚实的法律知识基础，以及外语能力、域外法查明、寻求境外法律协助等涉外法律服务技能，同时需学习所涉项目的某些技术、商务方面的基本知识，对项目所涉国家的法律和人文环境有所了解，才能在提供法律服务时游刃有余。审查动辄百页的涉外合同，需要非凡的耐心，也需要不断总结技巧，以更好地完成任务。

经办律师简介

　　黄赞荣律师，现为广东君信经纶君厚律师事务所合伙人，广东省律师协会国际商事法律事务律师专家库成员，入选广东省涉外律师领军人才库。于1990年获得中山大学文学学士学位，1996年获得加拿大塞尔布鲁克大学文学硕士学位，2000年中山大学法学院研究生毕业，2003年获共青团广东省委授予的优秀"广东省留学青年回国创业之星"称号。黄赞荣律师的业务专长主要包括：公司事务、国际贸易、海商案件、"双碳"法律业务等，精通英语、法语两门外语。曾为包括广东移动、中铁物资集团、广东发展银行、广州城投、广东生物医药研究所等著名企事业单位提供过法律服务。其为中铁物资集团的印尼雅万高铁项目、西班牙光伏发电项目等海外业务提供专业的法律服务，获得客户好评。

《横琴粤澳深度合作区供用电规则》
立法项目法律服务

　　《横琴粤澳深度合作区供用电规则》是落实《横琴粤澳深度合作区建设总体方案》提出"公共服务和社会保障体系与澳门有序衔接"在供用电领域的重要举措，有利于进一步优化合作区用电营商环境，更加便利澳门居民、企业在合作区安全、可靠、高效、便捷用电，赋能横琴合作区高质量发展。

　　自 2021 年初，广东君信经纶君厚律师事务所（以下简称"本所"）高级合伙人刘静律师作为本所电力团队的主负责人，受客户委托着手研究合作区电力法律适用问题，2021 年 9 月《横琴粤澳深度合作区建设总体方案》印发后，在中央大力支持、粤澳双方共同努力下，澳琴一体化发展取得阶段性重要成效，推进合作区电力相关规则与澳门衔接对接，制定出台具有合作区特色的电力立法需求呼之欲出。

　　在横琴粤澳深度合作区成立之初，有关合作区立法立规的工作要求尚未出台，虽然调研发现了不少需要解决的问题，但对于具体的立法路径、立法形式和框架体系仍需逐步探索。为此，本所电力团队律师和客户单位先后完成对合作区商事服务局、珠海市发改局、珠海市司法局、横琴珠海国际仲裁院、横琴人民法院等走访，推动立法相关方建立了良好的沟通机制，同时得到合作区电力行政主管部门的大力支持，最终确立了合作区电力立法三步走的思路：先制定规范性文件、后续编制配套文件、待时机成熟后上升为地方性法规，并提出了指导意见，这一立法设想成功纳入横琴粤澳深度合作区 2022 年度政策创新计划。

规则起草过程中，因受疫情反复影响无法到澳门现场调研，需尽快拓宽与澳门方的沟通渠道。为此，本所电力团队律师协助客户单位开展了一系列活动：与澳电公司开展线上交流，就澳门居民的用电习惯、澳电供电服务等，结合目前合作区供用电规则运行过程中存在的痛点、难点问题咨询澳门方做法；与澳门电机协会召开讨论会议，了解澳门电力设施建设相关流程和要求；组织澳资企业、居民用户等召开为期三天的线上座谈会，选取大客户、普通工商业用户、居民用户等不同类型的电力用户，从电网规划、生产运维、市场营销、合约模式及相关法律问题等方面进行充分交流和深入调研，为规则修编提供了有益思路。同时，积极参与粤澳两地法律事务交流，对两地新产业、民商事、纠纷解决机制和法律制度建设等方面进行深入探讨。《横琴粤澳深度合作区供用电规则》研讨会现场见图 29 – 1、图 29 – 2。

图 29 –1　《横琴粤澳深度合作区供用电规则》研讨会现场

图 29-2　《横琴粤澳深度合作区供用电规则》研讨会现场

2021 年、2022 年、2023 年连续三年，刘静律师带领本所电力团队律师全程参与了《横琴粤港深度合作区供用电规则》制定，先后梳理对比了内地与澳门供用电管理制度差异，实地走访了横琴口岸、澳门新街坊等项目单位以及澳门居民、澳门投资的工商业企业代表等用电群体，深入调研分析了合作区电力法律适用相关问题，并积极配合客户单位、横琴粤澳深度合作区商事服务局推动立法进程，提供了专业的法律意见，保障规则内容的科学合理性。

制定出台《横琴粤港深度合作区供用电规则》，是合作区在供用电领域作出的内地与澳门规则衔接、机制对接的积极探索，有利于进一步优化合作区供电营商环境，更加便利澳门居民、企业在合作区安全、可靠、高效、便捷用电，满足合作区经济适度多元化发展，同时充分发挥合作区的示范效应，推动内地和澳门供用电管理机制融合衔接，建立健全粤港澳大湾区能源电力法规体系。

《横琴粤澳深度合作区供用电规则》于 2023 年 7 月 5 日经横琴粤澳深度合作区执行委员会会议审议通过，由横琴粤澳深度合作区商事服务局发布，自 2023 年 9 月 1 日起施行。《横琴粤港深

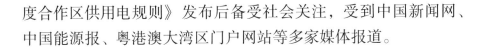

度合作区供用电规则》发布后备受社会关注，受到中国新闻网、中国能源报、粤港澳大湾区门户网站等多家媒体报道。

经办律师简介

刘静律师，于 2004 年取得中国律师执业资格，执业 18 年，现为广东君信经纶君厚律师事务所管理委员会委员、高级合伙人，其理论功底深厚，执业经验丰富，承担过大量电力企业法律服务业务。2017 年至今一直担任中国南方电网有限责任公司的常年法律顾问，2013—2017 年、2021 年至今担任广东电网有限责任公司的常年法律顾问，2018 年起担任广州供电局常年法律顾问，2020 年起担任南方电网数字研究院有限责任公司的常年法律顾问。擅长处理电力法、公司法、房地产、招投标、合同、劳动纠纷等方面的诉讼业务及国企改制、公司并购、收购、资产重组等非诉业务和重大疑难诉讼案件。

本项目由刘静律师担任总负责人，参与本项目的团队成员包括薄文君、张邓敏、陈微、邓国锐、陈通、石雨朦等律师。

广州×科技公司企业合规不起诉案

2022 年中，广东君信经纶君厚律师事务所（以下简称"本所"）周军伟、吴铮敏律师接受广州×科技公司（以下简称"涉案企业"）的委托，代理其涉嫌帮助信息网络犯罪活动罪（以下简称"帮信罪"）一案。本所律师经认真研究案件事实、证据材料后发现该案具备开展刑事合规不起诉的条件。基于案件专业性及合规整改难度的综合考量，本所律师及时向检察机关提交《企业合规整改申请书》，并通过多次沟通，争取启动合规程序。

2023 年 1 月，广州市天河区检察院决定对涉案企业适用涉案企业合规程序，并于 2023 年 2 月成立三方组织，共同对涉案企业开展为期三个月的企业合规考察工作。

在三个月的合规考察期间，本所律师梳理案件情况，分析犯罪行为产生的风险点，针对"帮信罪"的特点及涉案企业的经营模式，"因案制宜"地为涉案企业梳理、建立全新的风险防控体系、合规审查体系、员工监督体系，并通过民主监督机制，使合规制度充分落地。同时，本所律师也多次到涉案企业举办合规文化科普讲座，增强全体员工的法制意识。本所律师于合规考察期满后提交了近 600 页的合规整改工作报告，使涉案企业合规整改成果得到充分展现。

在经过三方验收评估会、不予起诉听证会后，2023 年 7 月 3 日，广州市天河区检察院正式宣告决定对涉案企业及犯罪嫌疑人不起诉。

根据最高检发布的信息，"帮信罪"已成为刑事犯罪起诉人数排第三的罪名，本案是广州首例成功获得不起诉的"帮信罪"刑事合规案，对于涉嫌"帮信罪"的中小微企业争取刑事合规不起诉，具有示范及借鉴意义。本所将继续为企业提供优质的法律服务，致力于企业刑事合规整改业务，争取帮助更多的企业通过合规不起诉。

本案判决结果见图30-1。

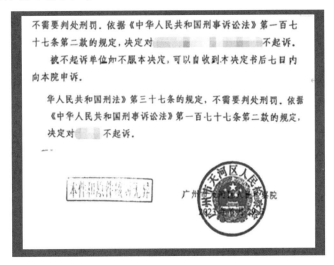

图30-1 本案判决结果

经办律师简介

周军伟律师，中共党员。中级审计师、会计学硕士。现为广东君信经纶君厚律师事务所管理委员会委员、高级合伙人。现任广东省惠来县政协第十届常务委员、广东省律师协会第十二届代表、广东省律师协会破产清算委副主任、广东省律师协会社会组织清算专业委员会副主任、国际商事律所联盟（ALLIURIS）会员负责人、广东省惠来一中校友会副会长广惠智库主任、广东省海

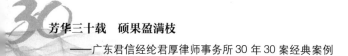

外潮人联谊会、广东潮博智库副秘书长。周军伟律师的专业领域为破产清算、经济犯罪辩护、涉外事务。

吴铮敏律师，毕业于广东外语外贸大学，持专业英语八级证书、剑桥商务英语高级证书。2019 年加入广东君信经纶君厚律师事务所以来主办多起破产清算案件，擅长涉外事务、民商事业务、企业重整清算、企业刑事风险防范等事务，其办理的多起刑事案件获得取保候审或不起诉结果。